国家"十三五"重点图书出版规划项目
"江苏省新型建筑工业化协同创新中心"经费资助

新型建筑工业化丛书

吴 刚　王景全　主编

住宅产业现代化发展规划与提升路径

编著　李启明　王双军　徐　照
　　　徐盛发　孙　飞　贾若愚
　　　吴晓纯

东南大学出版社
SOUTHEAST UNIVERSITY PRESS
·南京·

内容提要

住宅是人类赖以生存的生活必需品，也是衡量一国经济和人民生活水平的重要标志。我国的住宅产业经过多年的发展，成就与问题并存，发展住宅产业现代化正是解决这些问题的有效途径。住宅产业现代化的发展是一种必然趋势，其发展水平关系到经济、社会等多方面，亟须针对住宅产业现代化进行定量、系统的研究。本书以分析和把握我国，特别是江苏省住宅产业现代化发展现状为基础，研究江苏省住宅产业现代化目前存在的问题、发展战略、发展目标、发展任务以及发展措施等问题。

图书在版编目（CIP）数据

住宅产业现代化发展规划与提升路径 / 李启明等编著.
南京：东南大学出版社，2019.10
（新型建筑工业化丛书 / 吴刚，王景全主编）
ISBN 978-7-5641-8452-0

Ⅰ. ①住… Ⅱ. ①李… Ⅲ. ①住宅产业—研究—中国
Ⅳ. ①F299.233

中国版本图书馆 CIP 数据核字(2019)第 123792 号

住宅产业现代化发展规划与提升路径
Zhuzhai Chanye Xiandaihua Fazhan Guihua Yu Tisheng Lujing

编　著　李启明　王双军　徐　照　徐盛发　孙　飞　贾若愚　吴晓纯

出版发行	东南大学出版社
社　　址	南京市四牌楼2号　邮编：210096
出 版 人	江建中
责任编辑	丁　丁
编辑邮箱	d.d.00@163.com
网　　址	http://www.seupress.com
电子邮箱	press@seupress.com
经　　销	全国各地新华书店
印　　刷	江阴金马印刷有限公司
版　　次	2019年10月第1版
印　　次	2019年10月第1次印刷
开　　本	787 mm×1 092 mm　1/16
印　　张	13.25
字　　数	230千
书　　号	ISBN 978-7-5641-8452-0
定　　价	68.00元

本社图书若有印装质量问题，请直接与营销部联系。电话(传真)：025-83791830

序

改革开放近四十年以来,随着我国城市化进程的发展和新型城镇化的推进,我国建筑业在技术进步和建设规模方面取得了举世瞩目的成就,已成为我国国民经济的支柱产业之一,总产值占 GDP 的 20% 以上。然而,传统建筑业模式存在资源与能源消耗大、环境污染严重、产业技术落后、人力密集等诸多问题,无法适应绿色、低碳的可持续发展需求。与之相比,建筑工业化是采用标准化设计、工厂化生产、装配化施工、一体化装修和信息化管理为主要特征的生产方式,并在设计、生产、施工、管理等环节形成完整有机的产业链,实现房屋建造全过程的工业化、集约化和社会化,从而提高建筑工程质量和效益,实现节能减排与资源节约,是目前实现建筑业转型升级的重要途径。

"十二五"以来,建筑工业化得到了党中央、国务院的高度重视。2011 年国务院颁发《建筑业发展"十二五"规划》,明确提出"积极推进建筑工业化";2014 年 3 月,中共中央、国务院印发《国家新型城镇化规划(2014—2020 年)》,明确提出"绿色建筑比例大幅提高""强力推进建筑工业化"的要求;2015 年 11 月,中国工程建设项目管理发展大会上提出的《建筑产业现代化发展纲要》中提出,"到 2020 年,装配式建筑占新建建筑的比例 20% 以上,到 2025 年,装配式建筑占新建建筑的比例 50% 以上";2016 年 8 月,国务院印发《"十三五"国家科技创新规划》,明确提出了加强绿色建筑及装配式建筑等规划设计的研究;2016 年 9 月召开的国务院常务会议决定大力发展装配式建筑,推动产业结构调整升级。"十三五"期间,我国正处在生态文明建设、新型城镇化和"一带一路"倡议布局的关键时期,大力发展建筑工业化,对于转变城镇建设模式、推进建筑领域节能减排、提升城镇人居环境品质、加快建筑业产业升级,具有十分重要的意义和作用。

在此背景下,国内以东南大学为代表的一批高校、科研机构和业内骨干企业积极响应,成立了一系列组织机构,以推动我国建筑工业化的发展,如:依托东南大学组建的新型建筑工业化协同创新中心、依托中国电子工程设计院组建的中国建筑学会工业化建筑学术委员会、依托中国建筑科学研究院组建的建筑工业化产业技术创新战略联盟等。与此同时,"十二五"国家科技支撑计划、"十三五"国家重点研发计划、国家自然科学基金等,对建筑工业化基础理论、关键技术、示范应用等相关研究都给予了有力资助。在各方面的支持下,我国建筑工业化的研究聚焦于绿色建筑设计理念、新型建材、结构体系、施工与信息化管理等方面,取得了系列创新成果,并在国家重点工程建设中发挥了重要作用。将这些成果进行总结,并出版《新型建筑工业化丛书》,将有力推动建筑工业化基础理论与技术的发展,促进建筑工业化的推广应用,同时为更深层次的建筑工业化技术标准体系的研究奠定坚实的基础。

《新型建筑工业化丛书》应该是国内第一套系统阐述我国建筑工业化的历史、现状、理论、技术、应用、维护等内容的系列专著,涉及的内容非常广泛。该套丛书的出版,将有助于我国建筑工业化科技创新能力的加速提升,进而推动建筑工业化新技术、新材料、新产品的应用,实现绿色建筑及建筑工业化的理念、技术和产业升级。

是以为序。

清华大学教授
中国工程院院士

2017 年 5 月 22 日于清华园

丛书前言

建筑工业化源于欧洲，为解决二战后重建劳动力匮乏的问题，通过推行建筑设计和构配件生产标准化、现场施工装配化的新型建造生产方式来提高劳动生产率，保障了战后住房的供应。从20世纪50年代起，我国就开始推广标准化、工业化、机械化的预制构件和装配式建筑。70年代末从东欧引入装配式大板住宅体系后全国发展了数万家预制构件厂，大量预制构件被标准化、图集化。但是受到当时设计水平、产品工艺与施工条件等的限定，导致装配式建筑遭遇到较严重的抗震安全问题，而低成本劳动力的耦合作用使得装配式建筑应用减少，80年代后期开始进入停滞期。近几年来，我国建筑业发展全面进行结构调整和转型升级，在国家和地方政府大力提倡节能减排政策引领下，建筑业开始向绿色、工业化、信息化等方向发展，以发展装配式建筑为重点的建筑工业化又得到重视和兴起。

新一轮的建筑工业化与传统的建筑工业化相比又有了更多的内涵，在建筑结构设计、生产方式、施工技术和管理等方面有了巨大的进步，尤其是运用信息技术和可持续发展理念来实现建筑全生命周期的工业化，可称为新型建筑工业化。新型建筑工业化的基本特征主要有设计标准化、生产工厂化、施工装配化、装修一体化、管理信息化五个方面。新型建筑工业化最大限度节约建筑建造和使用过程的资源、能源，提高建筑工程质量和效益，并实现建筑与环境的和谐发展。在可持续发展和发展绿色建筑的背景下，新型建筑工业化已经成为我国建筑业发展方向的必然选择。

自党的十八大提出要发展"新型工业化、信息化、城镇化、农业现代化"以来，国家多次密集出台推进建筑工业化的政策要求。特别是2016年2月6日，中共中央国务院印发《关于进一步加强城市规划建设管理工作的若干意见》，强调要"发展新型建造方式，大力推广装配式建筑，加大政策支持力度，力争用10年左右时间，使装配式建筑占新建建筑的比例达到30%"；2016年3月17日正式发布的《国家"十三五"规划纲要》，也将"提高建筑技术水平、安全标准和工程质量，推广装配式建筑和钢结构建筑"列为发展方向。在中央明确要发展装配式建筑、推动新型建筑工业化的号召下，新型建筑工业化受到社会各界的高度关注，全国20多个省市陆续出台了支持政策，推进示范基地和试点工程建设。科技部设立了"绿色建筑与建筑工业化"重点专项，全国范围内也由高校、科研院所、设计院、房地产开发和部构件生产企业等合作成立了建筑工业化相关的创新战略联盟、学术委员会，召开各类学术研讨会、培训会等。住建部等部门发布了《装配式混凝土建筑技术标准》《装配式钢结构建筑技术标准》《装配式木结构建筑技术标准》等一批规范标准，积极推动了我国建筑工业化的进一步发展。

东南大学是国内最早从事新型建筑工业化科学研究的高校之一，研究工作大致经历了三个阶段，第一个阶段是对外引进、消化吸收再创新阶段：早在20世纪末，吕志涛院士敏锐地捕捉到建筑工业化是建筑产业发展的必然趋势，与冯健教授、郭正兴教授、孟少平教授等共同努力，与南京大地集团等合作，引入法国的世构体系；与台湾润泰集团等合作，引入润泰预制结构体系；历经十余年的持续研究和创新应用，完成了我国首部技术规程和行业标准，成果支撑了全国多座标志性工程的建设，应用面积超过500万平方米。第二个阶段是构建平台、协同创新阶段：2012年11月，东南大学联合同济大学、清华大学、浙江大学、湖南大学等高校以及中建总公司、中国建筑科学研究院等行业领军企业组建了国内首个新型建筑工业化协同创新中心，2014年入选江苏省协同创新中心，2015年获批江苏省建筑产业现代化示范基地，2016年获批江苏省工业化建筑与桥梁工程实验室。在这些平台上，东南大学的一大批教授与行业同仁共同努力，取得了一系列创新性的成果，支撑了我国新型建筑工业化的快速发展。第三个阶段是自2017年开始，以东南大学与南京市江宁区政府共同建设的新型建筑工业化创新示范特区载体（第一期面积5 000平方米）的全面建成为标志和支撑，将快速推动东南大学校内多个学科深度交叉，加快与其他单位高效合作和联合攻关，助力科技成果的良好示范和规模化推广，为我国新型建筑工业化发展做出更大的贡献。

然而，我国大规模推进新型建筑工业化，技术和人才储备都严重不足，管理和工程经验也相对匮乏，急需一套专著来系统介绍最新技术，推进新型建筑工业化的普及和推广。东南大学出版社出版的《新型建筑工业化丛书》正是顺应这一迫切需求而出版，是国内第一套专门针对新型建筑工业化的丛书。丛书由十多本专著组成，涉及建筑工业化相关的政策、设计、施工、运维等各个方面。丛书编著者主要是东南大学的教授，以及国内部分高校科研单位一线的专家和技术骨干，就新型建筑工业化的具体领域提出新思路、新理论和新方法来尝试解决我国建筑工业化发展中的实际问题,著者资历和学术背景的多样性直接体现为丛书具有较高的应用价值和学术水准。由于时间仓促,编著者学识水平有限,丛书疏漏和错误之处在所难免,欢迎广大读者提出宝贵意见。

吴　刚　王景全

前 言

我国住宅产业与国外发达国家相比，现代化水平仍然偏低，存在诸多问题，因此，要大力推进科技含量高、经济效益好、资源消耗低、环境污染少、人力资源优势得到充分发挥的产业现代化发展模式。住宅产业现代化是住宅产业以工业化、信息化、低碳化为导向的现代化结构调整和转型，以新型住宅建筑体系和住宅部品体系为主体，将住宅生产全过程的开发、设计、施工、部品生产、管理和服务等环节连接为一个完整的系统。

江苏省作为建筑业大省近年来持续推动建筑产业结构调整、优化和升级，促进建筑业科学、持续、健康发展，产业规模连续多年位居全国首位。江苏省委、省政府历来高度重视建筑产业发展，特别是2014年发布的《江苏省政府关于加快推进建筑产业现代化促进建筑产业转型升级的意见》和2015年通过的《江苏省绿色建筑发展条例》，要求按照建设环境友好型、资源节约型转变，以科技进步和技术创新为动力，坚持做到"五大转变"，逐步实现"四个现代化"；2014年江苏省被住房和城乡建设部确定为国家建筑产业现代化试点省之后，省政府着力推进以"装配式建筑为载体，以标准化设计、工厂化生产、装配化施工、一体化装修、信息化管理、智能化应用"为方向的建筑产业现代化；2017年《江苏建造2025行动纲要》颁布和实施，提出江苏建筑业今后一段时期工程建造方式，要向精细化、信息化、绿色化、工业化"四化"融合方向发展，大力推动精益建造、数字建造、绿色建造、装配式建造四种新型建造方式。

在相关政策的支持下，近年来江苏省建筑业发展成果显著。在装配式建筑方面，2015、2016、2017三年江苏全省新开工装配式建筑面积分别为360万 m^2、608万 m^2、1 138万 m^2，占当年新建建筑比例从3.12%上升到8.28%。计划到2020年，江苏省装配式建筑占新建建筑比例将达到30%以上，创建国家级建筑产业现代化基地10个，创建国家级示范城市3个，省级示范城市15个，省级示范基地100个，省级示范项目100个。在绿色建筑方面，2017年，全省累计绿色建筑标识项目数量1 985个，建筑面积2.05亿 m^2，约占全国的20%。2018年，全省新增绿色建筑标识项目 783 项、建筑面积 8 197 万 m^2，城镇新建民用建筑 65% 节能标准全面执行，新增节能建筑面积超过 1 亿 m^2。同时 2017 年完成既有居住建筑节能改造 227 万 m^2、既有公共建筑节能改造 483 万 m^2；2018 年完成既有建筑节能改造面积 990 万 m^2，全省累计既有建筑节能改造规模总量达 5 347 万 m^2，占城镇建筑总量的 1.6%。在推进商业和公共建筑低碳化运行管理方面，到 2018 年底，全省 13 个设区市均已建成市级公共建筑节能监管平台，累计有 1 642 栋建筑实施建筑能耗分项计量和实时监测，覆盖面积达 3 369 万 m^2；累计建筑能效测评标识项目达 2 113 项。

江苏省建筑产业现代化的稳步推进，不仅为装配式建筑、装配化装修带来近万亿元的市场空间，而且带动了工厂生产、装备制造、运输物流、新型建材、设计咨询、信息化和智能化技术应用等全产业链的协同发展，为住宅产业现代化的发展提供了有力支撑。

本书在文献研究、问卷调查的基础上对住宅产业现代化发展规划与提升路径进行了研究，并结合江苏省住宅产业现代化的发展进行了实例分析。本书在写作过程中参考了许多国内外相关专家学者的论文和著作，已在参考文献中列出，在此向他们表示感谢！同时本书的形成得到了东南大学建设与房地产系研究生庞姝慧、黄珺、贾若愚等人的帮助，在此亦向他们表示感谢！对于可能遗漏的文献，再次向作者表示感谢及歉意。同时书中难免有错漏之处，敬请各位读者批评指正，不胜感激！

笔　者

2019 年 9 月于东南大学

目　　录

第1章　绪论 ·· 1
　1.1　研究背景和意义 ··· 1
　　　1.1.1　研究背景 ··· 1
　　　1.1.2　研究意义 ··· 2
　　　1.1.3　研究对象界定 ·· 3
　1.2　国内外研究综述 ··· 4
　　　1.2.1　国外住宅产业现代化发展相关研究 ······································ 4
　　　1.2.2　国内住宅产业现代化发展相关研究 ······································ 5
　　　1.2.3　产业发展水平评价方法研究现状 ··· 7
　1.3　研究内容 ··· 10

第2章　住宅产业现代化发展回顾与现状 ·· 11
　2.1　国外住宅产业现代化发展概述 ·· 11
　2.2　我国住宅产业现代化发展概述 ·· 18
　　　2.2.1　近年来国内住宅产业现代化发展回顾 ·································· 18
　　　2.2.2　住宅产业现代化发展面临的形势 ·· 21
　　　2.2.3　当前存在的主要问题 ··· 24
　2.3　我国住宅产业现代化与发达国家的比较 ······································· 25
　　　2.3.1　差距 ·· 25
　　　2.3.2　启示 ·· 26
　2.4　我国住宅产业现代化发展滞后的主要原因 ···································· 28

第3章　江苏省住宅产业现代化发展的战略选择 ·································· 30
　3.1　江苏省住宅产业现代化的发展基础 ··· 30
　　　3.1.1　江苏省住宅产业现代化发展总体情况 ·································· 30
　　　3.1.2　江苏省住宅产业现代化相关政策 ·· 32

3.2 江苏省住宅产业现代化发展面临的主要问题 ……………………… 35
3.3 江苏省住宅产业现代化发展的 SWOT 分析 …………………… 37
　　3.3.1 优势 ……………………………………………………… 37
　　3.3.2 劣势 ……………………………………………………… 40
　　3.3.3 机会 ……………………………………………………… 40
　　3.3.4 威胁 ……………………………………………………… 42
　　3.3.5 战略分析 ………………………………………………… 43

第4章 江苏省住宅产业现代化发展关键问题研究 …………………… 44
4.1 住宅产业现代化相关概念辨析 …………………………………… 44
　　4.1.1 住宅工业化 ……………………………………………… 44
　　4.1.2 住宅产业化 ……………………………………………… 50
　　4.1.3 住宅产业现代化 ………………………………………… 56
　　4.1.4 住宅产业现代化的概念中工业化、产业化、现代化三者
　　　　　之间的关系 …………………………………………… 63
4.2 产业布局研究 ……………………………………………………… 66
　　4.2.1 产业集聚的效应 ………………………………………… 66
　　4.2.2 产业集聚效应对产业布局的影响 ……………………… 67
　　4.2.3 住宅产业链集聚 ………………………………………… 69
　　4.2.4 江苏省住宅产业布局 …………………………………… 71

第5章 江苏省推进住宅产业现代化的目标与原则 …………………… 74
5.1 指导思想 …………………………………………………………… 74
5.2 基本原则 …………………………………………………………… 74
5.3 主要目标 …………………………………………………………… 75
　　5.3.1 总体目标 ………………………………………………… 75
　　5.3.2 阶段目标 ………………………………………………… 75
　　5.3.3 目标体系 ………………………………………………… 77

第6章 江苏省住宅产业现代化发展的主要任务 ……………………… 84
6.1 建立住宅产业现代化的支撑体系 ………………………………… 84
6.2 推行成品住房发展 ………………………………………………… 88

6.3 建设国家级住宅产业现代化基地和试点示范城市 ……………………… 88
6.4 加快住宅生产方式转型升级 ……………………………………………… 89
6.5 大力扶持住宅部品、部件工业化生产企业 ……………………………… 93
6.6 大力推进住宅性能认定 …………………………………………………… 93
6.7 在保障性住房建设、棚户区改造工程、示范性工程建设中推进
住宅产业现代化 …………………………………………………………… 93
6.8 推进 BIM 技术在住宅项目中的应用 …………………………………… 94
6.9 建设全省住宅产业现代化管理信息系统 ………………………………… 94

第7章 江苏省发展住宅产业现代化的主要措施 ………………………… 96
7.1 组织措施 …………………………………………………………………… 96
　　7.1.1 建立领导机制 ……………………………………………………… 96
　　7.1.2 统筹规划，有序推进 ……………………………………………… 96
　　7.1.3 加强合作 …………………………………………………………… 96
7.2 引导措施 …………………………………………………………………… 97
　　7.2.1 推进标准体系编制工作 …………………………………………… 97
　　7.2.2 加大成品住宅推广力度 …………………………………………… 97
　　7.2.3 加强土地出让管理 ………………………………………………… 98
　　7.2.4 营造良好的发展环境 ……………………………………………… 98
7.3 激励措施 …………………………………………………………………… 99
　　7.3.1 加大财政政策支持力度 …………………………………………… 99
　　7.3.2 实行税收优惠政策 ………………………………………………… 99
　　7.3.3 完善金融服务，拓宽融资渠道 ………………………………… 100
　　7.3.4 增大科研投入，强化人才队伍 ………………………………… 100
7.4 考核措施 ………………………………………………………………… 101
　　7.4.1 建立住宅产业现代化综合评价指标体系 ……………………… 101
　　7.4.2 建立统一的指标统计标准和统计口径，加强指标的监测 …… 101
　　7.4.3 将评价结果纳入地方主管部门的绩效考核 …………………… 101

第8章 江苏省住宅产业现代化发展提升路径 ……………………………… 103
8.1 江苏省住宅产业现代化发展水平评价指标体系构建 ………………… 103
　　8.1.1 构建原则 ………………………………………………………… 103

8.1.2　指标体系初步构建 …………………………………………… 104
　　　8.1.3　问卷调研 ……………………………………………………… 107
　　　8.1.4　指标体系确定 ………………………………………………… 123
　8.2　江苏省住宅产业现代化发展水平评价模型 ………………………… 128
　　　8.2.1　权重确定 ……………………………………………………… 128
　　　8.2.2　江苏省住宅产业现代化发展水平评价模型构建 …………… 134
　8.3　评价对象概况 …………………………………………………………… 139
　　　8.3.1　江苏省 ………………………………………………………… 139
　　　8.3.2　浙江省 ………………………………………………………… 145
　8.4　评价过程及结果 ………………………………………………………… 146
　　　8.4.1　评价过程及结果 ……………………………………………… 146
　　　8.4.2　评价结果分析 ………………………………………………… 149
　8.5　江苏省住宅产业现代化发展提升路径设计 ………………………… 150

第 9 章　结论与展望 ………………………………………………………… 154
　9.1　主要结论 ………………………………………………………………… 154
　9.2　研究不足及展望 ………………………………………………………… 155

附录 1　像造汽车一样造住宅：电动汽车产业化发展和经验借鉴 ……… 156
附录 2　江苏省"十三五"住宅产业现代化发展规划 …………………… 166
附录 3　住宅产业现代化发展水平评价指标调查问卷（第一轮） ……… 184
附录 4　住宅产业现代化发展水平评价指标调查问卷（第二轮） ……… 187
附录 5　住宅产业现代化发展水平评价指标相对重要性调查问卷 …… 190

参考文献 ……………………………………………………………………… 193

第1章
绪　论

1.1　研究背景和意义

1.1.1　研究背景

住宅产业化概念在 20 世纪 60 年代由日本提出,并且在全球得到迅速的发展。住宅产业并不是通行的产业分类标准中的一个独立的产业,范围包括标准产业分类中的各产业领域中与住宅有关的各行业的总和。作为以生产和经营住宅或住宅区为最终产品的产业,住宅产业附属于建筑业和房地产业两个独立产业,同时涉及建材、冶金、化工、轻工等诸多行业,是一个跨行业的综合产业。由于住宅产业市场需求大,产业链条长,集劳动密集、资本密集和技术密集为一体,因而成为各国促进国民经济增长的重要支柱产业。我国住宅产业化发展起步于 20 世纪 80 年代初期,1994 年开始使用住宅产业化的概念,并于 1999 年颁布了《关于推进住宅产业现代化提高住宅质量的若干意见》。住宅产业现代化是住宅产业化发展的更高阶段。经过 30 多年以市场化为取向的改革和高速经济增长,住宅业作为国民经济的重要组成部分得到了长足的发展。

然而,要继续保持住宅产业的持续健康发展,必须立足当前,着眼长远。经过多年的以市场化为取向的改革和由此所造就的高速经济增长,住宅业作为国民经济的重要组成部分已经得到了长足的发展。今后较长一段时期,我国住宅业还将面临城市化进程加快所形成的市场需求不断增长所带来的巨大发展空间。据测算,如果 2020 年城镇化率达到 60%,将有 1 亿以上农民市民化,需要建设庞大的基础设施,住房至少需要建设 45 亿 m^2。但与国外发达国家相比,现阶段我国住宅虽然数量上巨大,但开发质量和品质不高,大量采用传统的现场、手工和粗放式生产作业模式,住宅产业现代化仍处在较为初期的发展阶段,存在"四低二高"突出问题——即工业化和标准化水平低、劳动生产率低、科技进步贡献率低、住宅质量和品质低,以及资源能源消耗高、环境污染程度高——对社会和环境产生沉重的消极和负面影响,不能适应新型工业化发展和可持续发展要求,不能适应改善居民住房质量和生活品质的迫切需要,大力提高住宅产业现代化水平已经是迫在眉睫。社会和经济的可持续发展需求对传统住宅的生产方式提出了新的挑战,同时也为住宅产业现代化的发展带来了新的契机。因此,住宅建设领域要大力推进住宅产业现代化,坚持走科技含量高、经济效益好、资源消耗低、环境污染少、人力资源优势得到充分发挥的新型工业化道路。

随着市场经济的发展和城镇住房体制改革的深化,我国住宅市场化的程度也逐步加深。此外我国加入世贸组织更意味着要按照国际标准来衡量住宅产业现代化的发展状况。因而,定量分析评价住宅产业现代化的综合水平也就愈显重要。

1.1.2 研究意义

我国的住宅产业经过 30 多年的发展,取得了巨大成效,也带动了整个社会和经济的发展。然而,住宅产业仍然存在生产力水平低下、生产方式粗放经营等诸多问题,行业快速发展过程中的矛盾日益凸显:稀缺的土地资源与住宅需求总量合理的配置、与需求相对接的供应节律的把控、产品质量不高与对住房长期的消费;最为关键的是居住条件的改善是建立在资源耗能过大的基础上。住宅产业的可持续发展遭遇瓶颈,如不妥善解决,在今后一段时间内将会影响经济和社会的可持续发展。因此,住宅产业亟须转变发展方式,进行产业升级,而发展住宅产业现代化正是解决这些问题的有效途径。

据统计,通过住宅产业化途径,住宅建造过程中的资源利用会更合理,现场垃圾减少 83%,材料损耗减少 60%,可回收材料占 66%,建筑节能 50%以上;住宅的性能质量更优,失误率降低到 0.01%,外墙渗漏率低于 0.01%,精度偏差以毫米计,小于 0.1%;同时项目开发周期从传统方式下的 20 个月可以缩短到工厂化方式下的 5 个月,缩减 75%,住宅的建造周期大大缩短,经济效益、社会效益显著。住宅产业现代化对于实现节能减排、保护生态环境、改善人居环境都具有重要意义,是住宅建设发展的必然趋势和必由途径。

一些发达国家住宅产业现代化的发展起步较早,发展水平较高,在这一过程中,各国政府的引导、规范、扶持和监管等起到了至关重要的作用。瑞典作为目前世界公认的工业化住宅产业最为发达的国家之一,颁布了包括瑞典工业标准

(SIS)在内的一系列标准,并制定了《住宅标准法》来引导和推动建筑标准的落实和实施,使工业化住宅取得了较快的发展。丹麦制定了《全国建筑法》强制执行健全的模数标准,以实现构配件的通用化。日本是最早发展住宅产业化的亚洲国家,日本政府发展住宅产业化的力度很大,由通产省和建设省两个部门负责住宅产业化发展的调控和指导,并且每个五年都会制定住宅产业技术研究的重点方向和目标,在此基础上加强标准化模数化建设,建立优良住宅部品认证制度,加强财政和金融支持,由此带来了日本住宅产业化的快速发展。

近几年来,我国由于发展方式转型升级的需求越发迫切,我国政府更加注重住宅产业现代化的发展,原建设部于2006年发布了《国家住宅产业化基地试行办法》,之后各地纷纷加强国家住宅产业化基地的建设和申报工作,将我国住宅产业现代化的发展推向了一个高潮。此外,以沈阳、深圳、上海、济南等地为代表的地方政府也纷纷出台了地方的住宅产业现代化发展规划。对于经济发展处于全国前列的江苏省,其住宅产业的生产经营方式仍然基本上沿用传统方式,同样存在诸多问题,难以满足居民日益增长的住房需求,这对江苏省住宅产业的发展提出了新的要求,传统住宅产业的生产经营模式亟待升级。在这样的背景下,目前江苏省已经出台了一系列措施促进江苏省住宅产业现代化的发展,并取得了一定的成效,但尚未形成目标清晰的、内容完善的顶层设计,因此,研究江苏省住宅产业现代化的发展规划将具有重要的实践指导意义和全国的示范效应。对住宅产业现代化的发展进行规划和研究是走可持续发展道路和新型工业化道路的要求。对住宅产业现代化的发展进行规划和研究,对于如何加快住宅产业现代化的进程,解决住宅产业现代化中存在的各种问题,从而促进住宅产业现代化又好又快地发展,具有重要意义。

然而学术界和政府主管部门对住宅产业现代化的综合状况的评价仅是从定性的角度来评估,缺乏量化、客观、实际的评价理论和方法。因此,通过对组成住宅产业现代化的要素的分析及其支持环境的研究,并结合相关的理论知识,构建一套较为系统、完整的住宅产业现代化综合评价指标体系,运用定量与定性相结合的方法加以评价,是必须面对的重要课题。

1.1.3 研究对象界定

住宅产业包括和住宅生产经营相关的全部产业,住宅产业现代化涉及住宅产业的全过程,但是现阶段,住宅产业现代化主要以住宅的生产环节为发展核心和首要任务,其他环节实现住宅产业现代化都要以生产环节的住宅产业现代化为基础。

本研究以生产环节的住宅产业现代化为主要研究对象,研究住宅产业现代化发展在现阶段最迫切需要解决的问题。

1.2 国内外研究综述

1.2.1 国外住宅产业现代化发展相关研究

国外对住宅产业现代化的研究主要集中在以下三个方面:

(1) 住宅产业现代化的必要性研究

Barlow等学者[1]认为,过去的生产是一种先生产后销售的模式,而大规模的生产模式是以客户的需求为导向,满足客户的个性化需求。对于住宅产业现代化而言,其优势为:①能迅速随周围环境的变化而变化,不断推出新产品;②能够降低成本,使利润率升高;③能够了解市场,了解客户需求,做到有的放矢。Davidson等学者[2]认为,产业化是人类建筑必经的一个阶段,是解决人类住房问题的关键,各国要根据国情以及所掌握的各种信息,制订计划,使组织与技术相结合,实现住宅的产业化。Salet[3]认为发展住宅产业现代化可以提高荷兰的城市品位,应当将其作为荷兰紧凑型城市建设的重要政策战略,并运用网站对实际的项目案例进行调查研究,提出当地政府应对住宅产业现代化发展起到引导作用,且应根据区域的特点采取不同的住宅产业发展路径。

(2) 住宅建筑体系和部品的标准化研究

住宅体系标准化是建筑工业的必备条件,同时也是建筑生产进行社会化协作的必要条件。因此国外的住宅产业现代化研究一直注重于标准体系,尤其是模数协调体系的研究。Barriga等学者[4]对美国的工业化住宅进行了深入的研究,认为当时的材料控制系统不能完美地运用于工业化住宅建设,提出将精益库存控制系统和供应链管理技术融入原有的材料控制系统中,形成一个全新的产业化住宅建设的材料控制体系。Shin等学者[5]对韩国的住房市场做出预测,认为住宅产业现代化是未来市场发展的必然趋势,而住宅产业现代化水平的提高将额外增加施工现场管理费用,并提出一套完成信息系统(FIS),该系统可以被运用到住宅建造的全周期过程中,最大限度地减少由更高的住宅产业现代化水平带来的额外管理费用。Lovell和Smith[6]对英国的住宅市场现状进行了分析,认为解决住宅传统建造方法与产业化住宅建造方法之间矛盾的关键是坚持建造技术的创新,以形成一个完整的住宅产业现代化社会技术体系。

(3) 住宅产业现代化发展的策略研究

Nordin 等学者[7]分析了技术及器具设备的创新给住宅产业公司带来的风险,提出需要建立一个新的供应点来发展适应这些新技术,并提出了建立新供应点的具体办法。Nasereddin 等学者[8]分析了美国住宅产业现代化的现状,并分别从快速革命和持续改革两种途径对美国的住宅产业的发展进行了思考。Jeong 等学者[9]认为目前住宅产业的供应链系统不能够控制外部扩展资源进行有效的流动,提出必须建立一个新的供应链仿真模型来鉴别资源是否被有效使用。Persson 等学者[10]基于对 6 个瑞典住宅建筑公司的实地调查,以预制混凝土构件为例研究了信息和通信技术如何参与住宅工业化施工,分析了信息管理对住宅产业现代化施工的影响,并鉴定了其影响程度的大小。Barriga 等学者[4]把精益生产和供应链管理原理应用在当前的工业化住宅当中,提出了一套全新的材料管理系统,通过编制生产进度计划,为工业化住宅解决当前材料管理系统中所发现的问题。Shin 等学者[5]在韩国的住宅产业现代化中应用了大规模定制的信息技术,通过快速完工、简化管理进程和提升沟通效率来管理劳动力,现场管理的施工人员大大减少。Benros 和 Duarte[11]建立了一套大规模定制房屋的集成化系统,通过利用计算机处理手段简化研发工作,形象化解决方案,自动生成生产所需要的信息。Nahmens 和 Bindroo[12]通过市场调查,阐述了应当重视住宅产业现代化的售后服务,充分认识到这一点,才能给消费者更多的选择机会,并对促进住宅产业大规模定制的因素进行深入的讨论。Lovell 和 Smith[6]通过一个英国的建筑工业化案例来说明英国的住宅市场的布局概念,并倡导政府对建筑市场进行改革,坚决区分现场布局和装配的概念。

总结来说,以上发达国家住宅产业化的发展策略趋势主要集中在:①住宅部件化;②主题结构通用体系化;③建筑节能化;④现场施工合理化;⑤通过电子技术技术的应用推动工厂化和机械化、自动化水平;⑥住宅装修一次到位化。可以看出,住宅建设在国家发展战略中占重要地位,而住宅产业现代化具有很多优势,是转变经济增长方式的客观需要,是国家面对能源和资源激烈争夺的发展动力之一。

1.2.2 国内住宅产业现代化发展相关研究

(1) 我国住宅产业现代化的发展现状、存在问题以及原因研究

江红等学者[13]对住宅产业现代化进行了界定,在此基础上构建了以产品水

平、生产方式水平和经营方式水平为主的住宅产业现代化水平评价指标体系。李安惟和武军[14]认为落后的生产力水平和工艺生产水平及低程度的专业化水平制约了我国住宅产业现代化的发展。王玲和刘美霞[15]认为，住宅产业现代化市场也会存在漏洞，甚至出现市场失灵的现象，并总结了我国将推进住宅产业现代化作为住宅建设一项重大政策所采取的一系列措施，分别从法规建设、经济政策、科技体系和公众参与等几方面，提出了我国政府行为的构建模式。田灵江[16]经过深入研究我国住宅产业现代化的发展现状，发现住宅产业现代化在国内存在科技和体制两方面的问题，他指出我国的住宅产业现代化体系还不完善，与国外发达国家相比还处在探索阶段，我国应该从小处做起，来完善住宅产业现代化的体系。

（2）住宅产业现代化发展的策略研究

李忠富和关柯[17]提出如何实现住宅产业现代化这个命题。他们阐述了怎么进行准备，怎样实施，以及实施的步骤、方法，为我国住宅产业现代化从理论到实践提供了清晰的思路。梁小青[18]借鉴日本的经验和方法，总结了日本50年的推广住宅产业现代化之路，从而提出我国要发展住宅产业现代化也应该建立适应中国经济发展特点的、科学的、系统的政策与措施。沈定亮[19]研究了在保障性住房中采用住宅产业现代化的可能性，从国内外发展现状出发，提出了要推广装配式住房，并强烈推荐将之用于保障性住房。他从设计到施工过程中的成本、质量、工期、造价、节能等方面细致分析，提出了一系列的要求和规范。

（3）住宅产业现代化水平的评价方法研究

沈岐平和王要武[20]对影响城市住宅产业的因素进行了辨识，并通过代表性、系统性、可比性、实用性四个主要原则对这些因素进行了筛选，建立了城市住宅产业现代化状况评价指标体系，运用层次分析法确定指标权重，并通过模拟实例对评价体系进行了检验。江红等学者[13]从住宅产品水平、住宅生产方式水平、住宅生产经营水平三个方面建立了评价指标体系，采用住宅产业现代化指数，参照C-D生产函数对住宅产业现代化水平进行评价。他们运用自己设计的评价体系进行了对现状的估计，得出的结论是，我国的住宅产业现代化处于刚刚起步的阶段。

从现有研究可看出，国外发达国家的住宅产业现代化发展已经进入了成熟期，更多的研究集中在如何进一步提高住宅的质量和劳动生产率，实现住宅需求的差异化与生产的标准化之间的协调统一。国内在国外成功模式介绍、国内现状分析以及推广政策等方面都做了较详尽的探讨。住宅产业现代化是我国住宅产业发展的必然趋势，这个在学术界已经达成共识。但是当前我国对于如何快速促进住宅产业现代化的实现,尚未研究出系统的切实可行的实施方案。上述研究还表明:①我国住宅产业现代化的发展还停留在理论及方法上的研究,实践应用仍是薄弱环节。②我国住宅产业现代化的研究目前主要集中在住宅产业现代化的现状、存在问题和原因以及对经济社会的影响上,缺少住宅产业现代化部品体系研究及住宅产业现代化水平评价研究。因此,如何利用指标体系对住宅产业化状况进行综合评价,值得进行深入研究。

1.2.3 产业发展水平评价方法研究现状

住宅产业是由多个因子组成的,并且各个因子不是简单的叠加,而是既相对独立,同时又与整个体系以及各个因子之间有紧密联系。要进行住宅产业现代化水平评价研究,必须要了解的是如何分离出多个主要影响因素,建立不同方面的评价指标,从多个方面去准确、客观地反映这个复杂系统的运作状况,从而进行水平评价。

(1) 国内研究状况

朱志勇等学者[21]依据原建设部颁布的《住宅性能评定技术标准》划分住宅性能评价指标,并选择前三层指标构成指标体系。主要以消费者的角度评价住宅产品,并且最关注的是其安全性能,其中又尤其重视室内污染物的控制和防火性能,因此这两项指标的权重也是最大的。依据计算得到的权重系数,可以将考察的性能进行排序,这样就能科学地指导消费者依据个人的要求和关注点选购住宅产品。

马光红等学者[22]秉承科学性原则、系统性原则、综合性原则、前瞻性引导性原则,利用层次分析法把经济、社会、生态、环境等各个领域内复杂的问题分解为若干有序层次,并通过对一定客观事实的判断,就每一层次的相对重要性通过定量化的手段,利用数学方法确定地表达出每一层次的全部元素相对重要性次序的数值,并通过各层次的分析得出对整个问题的评价。借助于层次分析法原理,将住后综合评价经济技术指标分为四层,分别称为总目标层、准则层、标准层、基本指标层。

可以看出已有的研究中,多数采用较为简单的、只能反映同层次指标相互之间关系的层次分析法(AHP)进行研究,但由于住宅产业影响因子相互独立又与整个体系以及其他各个因子间有紧密联系,不能简单地进行同级指标之间的分析,故采用建立在层次分析法基础上发展起来的网络层次分析法。网络层次分析法(ANP)是一种新的决策科学方法,是层次分析法的扩展,主要针对的是决策问题的结构具有依赖性和反馈性的情况。1996年在温哥华举行的第四届AHP国际研讨会上,ANP分析法被正式提出。

为了评价企业技术创新能力,魏末梅[23]先分别从定性和定量的角度对ANP分析法和AHP分析法进行比较。通过定性的比较,认为在解决复杂决策系统问题时,ANP分析法更能描述决策系统的内部结构关系,更能反映实际情况;通过定量的比较,认为ANP分析法计算的指标权重与实践经验更接近,更具有客观性,决策结果更具有说服力。后通过对目前的企业技术创新能力的评价体系的总结,分析其中的几处不足,在此基础上建立完善的评价指标体系。并基于ANP分析法建立企业技术创新能力评价体系结构,研究评价体系内部指标之间的逻辑关系。并针对该体系分别采用ANP分析法和AHP分析法确定评价体系的指标权重,根据ANP分析法确定的权重,对技术创新能力评价体系中重要的几个指标进行分析。

王岚、赵国杰[24]在评价地区文化产业竞争力时,根据竞争力评价的理论基础,把握地区文化产业竞争力的内涵与特征,分析影响地区文化产业竞争力的主要因素,遵从科学性、系统性、可操作性原则,运用网络层次分析法(ANP),构建中国地区文化产业竞争力评价模型;依据模型总体框架,结合我国地区文化产业发展的阶段和实际,考虑数据获取的可能性和科学性,确定了我国地区文化产业竞争力指标体系和指标权重。

在构建对住宅产业现代化发展水平影响指标体系时,基于文献综述和住宅产业现代化内涵分析可罗列出基本的指标体系,但还需要在其基础上进一步统计筛选并确定影响权重。这同时可参考其他领域分析影响因素时采用的构建结构方程模型的方法。结构方程模型(SEM)是一种融合了因素分析和路径分析的多元统计技术。它的强势在于对多变量间交互关系的定量研究。Ullman[25]定义结构方程模型为"一种验证一个或多个自变量与一个或多个因变量之间一组相互关系的多元分析程式,其中自变量和因变量既可是连续的,也可是离散的",突出其验证多个自变量与多个因变量之间关系的特点。近30年,SEM被大量应用于社会科学及行为科学的领域,并在近几年开始逐渐应用于市场研究中。

冯秀琴[26]认为,在研究顾客满意度的模型中,最具影响的当属基于因果关系的顾客满意度指数模型(CSI模型),而该模型很大程度上得益于结构方程模型(SEM)的贡献,它是建立在许多传统统计方法的基础上,对验证性因素分析、路径分析、多元回归及方差分析等统计方法的综合运用和改进提高。

武文杰、刘志林和张文忠[27]为了研究市场化改革背景下的中国城市居住用地价格的影响因素,选取了北京市2004—2008年土地交易的微观数据,基于结构方程模型构建了地价估计模型,定量分析了生活、交通、环境设施便利性和工作便利性这四类变量对居住用地出让价格的影响程度,从而测度出房地产开发商对它们的偏好差异度。

由于被评价的住宅产业现代化发展水平由多方因素组成,需要对每一指标单独评价后并得出综合的评价结果。对于相似的评价对象如企业绩效,殷筱琴[28]在分析我国现行企业绩效的评价方法所存在问题的基础上,阐述模糊综合评价方法应用于企业绩效评价的原因,提出了"模糊综合绩效评价方法"的评价模型、评价步骤,并针对与模糊综合评价模型相配套的实用技术——指标的选择、指标权重的设置等进行了研究。最后将模糊综合绩效评价方法实际应用于企业进行比较,进一步从实践的角度说明了其可操作性。其中提到的模糊综合评价方法是模糊数学中应用得比较广泛的一种方法。在对某一事物进行评价时常会遇到这样一类问题,由于评价事物是由多方面的因素所决定的,因而要对每一因素进行评价;在对每一因素做出一个单独评语的基础上,如何考虑所有因素而做出一个综合评语:这就是一个综合评价问题。

评价过程总体来说,一般是在制定选取影响指标的原则后,建立初步评价指标体系并用相应办法对指标进行筛选,再以量化的数值对各指标赋以权重,最后结合具体案例实践建立模型。

(2) 国外研究状况

Pan、Wang 和 Kong[29]建立了全面的评价指标体系用以研究中国的城市轨道交通网络的运行状态。鉴于相互之间依存并反馈的评价指标,基于 ANP 分析法建立了一个城市轨道交通网络运营的评价分析系统。最后,使用决策软件进行案例研究,验证模型的有效性和可行性。

由于不清楚评价指标和相关方法,对物流企业的评价有很大的随机性。Hou、Sun 和 Chen[30]为了提高评价精度,使用 DEA 模型并结合 AHP 分析法对评价物流公司的影响因素进行了研究。通过有效和规模效益的分析,物流企业可被相对精确地评价。

(3) 产业水平评价指标体系及评价方法研究现状分析总结

① 对住宅产业现代化缺乏清晰的、与时俱进的定义。

② 现有的指标体系难以清晰地描述住宅产业现代化的内涵,且不能体现江苏省的特点。

③ 对产业化的评价方法多采用 AHP 法,只能简单体现指标间的关系。

因此需要在详细的文献综述的基础上,由住宅产业现代化的内涵出发,识别出描述住宅产业现代化的指标。还需结合江苏省的发展现状和发展战略,构建初步的指标体系。利用 ANP 分析法对指标进行赋权,可更清晰地表现各指标间复杂的关系。

1.3 研究内容

本书旨在以分析和把握我国,特别是江苏省住宅产业现代化发展现状为基础,对江苏省住宅产业现代化目前存在的问题、发展战略、发展目标、发展任务以及发展措施进行研究,主要研究内容包括以下几点:

(1) 住宅产业现代化发展现状研究:对国内外住宅产业现代化的发展历程和发展路径进行梳理和比较,找出我国住宅产业现代化发展的差距和差距产生的原因。

(2) 江苏省住宅产业现代化发展战略的研究:总结江苏省住宅产业现代化发展的基础和面临的问题,进而对江苏省住宅产业现代化的发展进行 SWOT 分析,最后根据分析结果给出主要的发展战略和发展方向。

(3) 住宅产业现代化定义、内涵及发展阶段研究:总结前人对住宅产业现代化相关概念的定义和阐述,并对不同的概念进行总结和辨析,从而给出一个更加全面和准确的住宅产业现代化的定义,并分析其内涵,为发展目标及发展内容的确定建立基础。

(4) 江苏省住宅产业现代化发展的产业布局研究:分析产业集聚效应对产业布局的影响,结合实际情况,从住宅产业链集聚的角度分析江苏省住宅产业的布局状况。

(5) 江苏省住宅产业现代化发展目标的研究:结合国内宏观环境和江苏省现状,以住宅产业现代化的定义为基础,建立江苏省住宅产业现代化发展的总体目标和阶段性目标,并建立方便量化和考核的目标体系。

(6) 江苏省住宅产业现代化发展的主要任务研究:找出江苏省现阶段发展住宅产业现代化的重点内容,和实现发展目标所需要完成的具体任务。

(7) 江苏省发展住宅产业现代化的主要措施研究:为实现发展目标,完成发展任务,分析需要采取的具体措施,并给出措施建议。

第2章
住宅产业现代化发展回顾与现状

2.1 国外住宅产业现代化发展概述

发达国家的住宅产业现代化进程大体经历了三个阶段：20世纪50～60年代是住宅产业现代化的形成初期，这一阶段重点是建立工业化生产体系；20世纪70～80年代是住宅产业现代化的发展期，该阶段的重点是提升住宅的质量和性能；到了20世纪90年代，住宅产业现代化发展进入成熟期阶段，产业化的重点转向环境保护，降低住宅的能源、物资消耗和资源的循环利用，发展理念转为倡导绿色、生态和可持续发展。目前，在发达国家的住宅建设中，完全的工厂化住宅已经占据很大的市场比例：日本已经达到20%～25%，美国为31%，瑞典则高达60%以上。

(1) 美国的住宅产业化发展进程

美国的住宅产业化进程是伴随着建筑市场的发育而成熟的。由于地广人稀，美国的住宅产业化明显不同于其他国家的产业化发展道路。在产业化住宅的建设上，美国以低层木结构小型住宅公寓为主流产品，建造过程中更加注重住宅的舒适性和个性化要求。在美国，住宅部品和构件基本已经实现社会化大生产，在市场上形成了一系列较为成熟的标准化产品体系。消费者能够根据供应商提供的产品目录依据自身喜好进行菜单式选择，然后再委托专业的建筑安装企业进行现场拼装建设。美国的这种住宅产业化建造模式优点在于建造速度快、产品质量高、资源更为节约。20世纪30年代，美国共有77套利用不同材料建设的住宅体系，在厂商、市场、政府的互相作用下，以移动房屋为代表的工业化住宅得到改进。1968年政府开始实施突破行动(Operation Breakthrough)，旨在将分散的生产资源与市场集中起来，这一行动也标志着政府开始主导与推进住宅工业化。1976年，美国住和城市发展部发布《国家工业化住宅建造及安全标准》,以此规范和促进工业化住宅的生产。据美国工业化住宅协会统计,美国1997年新建住宅147.6万套,其中工业化住宅113万套,均为低层住宅,大多为木结构,数量为99万套,其他为钢结构。这取决于他们传统的居住习惯。2001年,美国的工业化住宅已经达到了1 000万套,占美国住宅总量的7%,为2 200万美国人解决了居住问题。2007年,美国的工业化住宅总值达到118亿美元,每16个人中就有1个人居住的是工业化住宅。在美国,工业化住宅已成为非政府补贴的经济适用房的主要形式,因为其成本还不到非工业化住宅的一半。在低收入人群、无福利的购房者中,工业化住宅是住房的主要来源之一。据统计,美国70%的工业化住宅建造在私有房主的土地上,另外的30%建在租用地或是他人(包括亲戚朋友)的土地上。

1976年的HUD标准(Department of Housing and Urban Development)是美国住宅产业发展历程上的里程碑,规范了工业化住宅的生产与销售,促进了工业化住宅的社会化生产,也保障了消费者权益。表2-1列出了美国住宅产业发展相关的政策与标准。

表2-1 美国住宅产业发展相关政策与标准

时间	政策或纲领标题	内容与作用
1937	住宅法	意在推进廉租房建设,但效果不佳,实际上演变为对中产阶级购房贷款的资助
1949	住宅法案(Housing Act)	鼓励并支持私有企业尽量满足住宅市场需求,倾向于利用住宅产业来刺激整体经济的发展
1968	住宅与城市发展法案(Housing and Urban Development Act)	(1) 1968年至1978年建造2 600万套住宅,其中600万套面向低收入与中等收入群体; (2) 扩大公共房屋财政支出; (3) 为了防止贫民窟形成,鼓励建造分散的低层住宅单元; (4) 鼓励创新、开拓解决住宅问题的新途径
1969	突破行动(Operation Breakthrough)	鼓励企业进行工业化住宅研发,建立示范基地,促进大规模工厂制造住宅产品
1976	国家工业化住宅建造及安全法案(National Manufactured Housing Construction & Safety Act)	美国住宅产业发展历程上的里程碑,规范了工业化住宅的生产与销售,促进了工业化住宅的社会化生产,也保障了消费者权益
1976	国家工业化住宅建造及安全标准(National Manufactured Housing Construction and Safety Standards)	HUD标准,是唯一的国家级强制性建筑标准,对设计、施工、强度、持久性、耐火、通风、节能、质量进行了规范,1976年6月15日之后建造的工业化住宅必须符合此标准才能出售

续表 2-1

时间	政策或纲领标题	内容与作用
1998	节能之星认定制度	美国环保局(EPA)与能源部(DOZ)设立,将新建和既有建筑经过测试其节能效果之后,根据测试结果确定其节能等级,授予标识,鼓励业主建造节约能源的建筑
2000	工业化住宅安装标准(Model Manufactured Home Installation Standards)	工业化住宅部品或构件的最低初始安装标准,对于没有制定安装标准的州区,将作为强制性标准

美国推行住宅产业现代化的特点:①建立住宅的差异化销售政策,首先对住宅产品进行定位分析,确定其购买对象是富裕人群、中产阶层还是贫困阶层,向富裕人群提供高档商品住宅,向中产阶层提供一般住宅,向贫困阶层居民提供集中居住的保障性住宅;②利用财政预算保障销售低利润住宅产品的开发商的利益,对其机会成本给予一定的经济补偿;③制定严格的价格政策,根据地域等因素的不同,限制一般住宅和保障性住宅的价格,确保其在非富有人群的承受范围内;④重视产业化住宅开发商科技研发实力的提升,在企业中进行新技术推广,促进企业和国内优秀研究院校的合作,加快新建造工艺、设备和建筑材料的更新速度,加大整个社会的参与程度,使住宅产业化在全国范围蓬勃发展;⑤尊重市场经济体制,美国是市场经济国家,政府善于利用发达的金融系统与金融体制来促进个人与企业依据自己的情况积极解决住宅问题。由于美国国土面积较大,人口密度较低,人均土地资源相对较为丰富,因而美国的产业化住宅基本上是以低层木结构的独立式小型住宅公寓为主。与美国相比,我国虽然土地总资源较为丰富,但由于人口基数大,人均土地资源则明显偏低,美国的住宅产业化建造模式在我国并不具备大规模推广的条件,但仍然可以借鉴其较为成熟的部品生产技术和经验,促进我国住宅部件市场的发展。

(2)日本的住宅产业化发展进程

20世纪60年代,由于日本原有住宅受到战争破坏,住宅存量偏低;同时,由于经济不断恢复和社会的稳定,人口出现了较为明显的增长,进而带动了日本住宅需求的急剧增加。但与需求急剧增加相矛盾的是,住宅供给受限于建筑技术人员和熟练工人的匮乏,供应严重不足。为了解决这一矛盾,日本提出了对住宅实行部品化、批量化生产的产业化战略。通产省重工业局于1968年首次提出工业化住宅的概念,其含义有三点:第一,资金和技术的高度集中;第二,大规模生产;第三,社会化供应。主要思想是用工厂化和社会化大生产的方式,来代替传统半手工、半机械的住宅建设,通过实现产业化,达到提高劳动生产率、提高建筑质量、降低成本、节省能源消耗、缩短工期、减轻劳动强度等目的。

日本住宅工业化以住宅建设五年计划为框架,以立法、标准为基础,辅以产业、财政、税收政策,实现快速发展,基本满足了国民的住宅需求。1965年至1970年间,平均每年建造住宅110万余套,至1968年已达到户均一套的水平。90年代采用工业化生产方式建造的住宅占竣工住宅总数的25%~28%,2000年后日本又开始注重长寿住宅的建设,提出了百年住屋计划。日本也是率先在工厂车间里生产住宅及住宅部件的国家之一,部品化率普遍要求达到60%,大型企业则要求达到85%。由于日本地震非常频繁,抗震的轻钢结构工业化住宅约占全部工业化建造住宅的80%。具体结构形式上,经过长期摸索形成了盒子式、单元式、壁板式等多种式样。

日本住宅工业化的发展离不开政府的强力推进。以住宅建设五年计划为框架,以住宅性能认定制度与住宅部品认定制度为基础,构成了住宅工业化发展的良性体系。具体政策措施见表2-2和表2-3。住宅建设五年计划是由《住宅建设计划法》立法规定的。全国十个地区分别制定自己的住宅建设五年计划,然后各都、道、府、县再以此为基础制定当地的计划,构成一个计划系统。在计划中制定住宅发展目标、人均住宅居住标准、公营住宅、公团住宅建设数量、新技术应用等内容。与《住宅建设计划法》相配套,日本还开展了"居住实态调查"与预测工作。其主要指标有建设完成情况、居住水平状况、住房产权情况,不同住宅结构建造情况、住宅产业影响带动相关产业发展情况等。调查与预测工作成为政府制定住宅政策的基础。除了住宅建设五年计划,住宅生产工业化促进补贴制度、住宅体系生产技术开发补助金制度与新部品研发的低息贷款有效促进了新技术的研发。提高了企业利润,降低了风险。

表2-2 日本住宅产业化政策措施

时间	名 称	内 容
1966	新住宅建设五年计划	新建住宅中,工业化住宅(指预制构件住宅)所占比率达到15%
1966	建设省《住宅建设工业化基本设想》	目标为"进行建筑材料和构配件的工业化生产,使施工现场的作业转移到工厂,从而提高生产效率"
1970	住宅技术方案竞赛制度	根据不同时期的居民需求确定竞赛内容,实质为技术开发的一种方式

续表 2-2

时间	名 称	内 容
1970	制定住宅性能标准,开展"住宅性能综合评价体系"研究	开始定量化评价住宅性能
1971	住宅生产和优先尺寸的建议	规定了住宅功能空间、建筑部件、设备的优先尺寸
1974	住宅生产工业化技术开发长期计划	
1977	住宅性能保证制度	开发商、建筑商、业主都可以申请,要求卖方保证10年之内建筑质量,并支付保证金
1979	住宅性能测定方法、住宅性能登记标准	
2000	《住宅品质确保促进法》,建立住宅性能标志制度	将住宅性能认定的标准和方法从工业化住宅扩展到所有住宅

表 2-3 通产省提出的政策建议与措施

时间	名 称	内 容
1960年代末	提出发展住宅产业的三大步骤	掌握现在与将来的住宅结构,推进标准化工作,寻求适当的住宅生产与供应体系
1969	推动住宅产业标准化五年计划	提出住宅性能标准、材料、设备标准、结构安全标准
1973	《今后的住宅产业及应采取的政策措施》	住宅生产、住宅产业流通的合理化措施
1974	住宅体系生产技术开发补助金制度	对批准开发的项目提供50%的研发经费
1982	《今后的住宅产业及应采取的政策措施》	建立部件化生产体系,以应对:住宅建设从数量上的增加转向质量上的提高;住宅产业从新建转向制造;城市环境恶化;居民生活方式发生变化,集合式住宅增加
1988	《今后的住宅产业及应采取的政策措施》	国民经济由出口型转为内需型,居民住宅需求多样化,对品质的要求提高

日本推行住宅产业化的特点:①负责统一的管理和决策,早期的住宅产业结构设计工作由通产省领导,而技术开发工作由建设省领导,比较复杂的决策工作,由咨询单位提出问题和方案,最终由大臣决定;②明确发展目标,采取"五年规划"的模式,每个周期明确若干个住宅产业化科技攻关项目,不断地提高全国的产业化住宅的科技含量,同时强调住宅与人的结合,使其在设计、节能环保和智能方面体现出较强的整体性和生态适应性的优势;③保证常年的财政拨款,支持产业化住宅开

发企业进行高新技术的研发,保障企业在市场上的领先地位,使其充满活力;④将住宅的标准化和模数化结合,使两者能相互匹配;⑤在标准建立时,充分考虑住宅的实用性,将住宅的安全性、舒适性和美观个性等指标融入标准中,使标准尽可能地满足使用者的需求;⑥建立产业化住宅产品的评价体系,对每个已经完工的项目进行后评估,采用分级认证的方法,评选优秀项目,并对其给予奖励。

日本的住宅产业化进程之所以如此快速的发展,主要原因是得益于其积极培育大型住宅产业集团的发展战略。在日本,所谓住宅产业集团,是指"以专门生产住宅为最终产品,集住宅投资、产品研究开发、设计、构配件部品制造、施工和售后服务于一体的住宅生产企业,是一种智力、技术、资金密集型,能够承担全部住宅生产任务的大型企业集团"。我国推进住宅产业化的背景与原因虽然与日本不同,但日本的住宅产业集团发展模式很有借鉴意义。

(3) 欧洲发达国家的住宅产业化发展历程

与日本发展住宅产业化的原因相似,二战结束后,由于战争对原有住宅的破坏和恢复期的人口迅速增长,欧洲等国家也普遍出现了较为严重的缺房现象,各国急需在短时期内生产大量住宅,满足民众的住房需求。因此,欧洲各国先后建立了一批完整的、系列化的、标准化的住宅生产体系,希望借助工业化来提升住宅建造效率。从后期的实施效果来看,欧洲这一时期的住宅产业化建造不仅解决了民众的居住问题,而且对这些国家的战后经济复苏起到了关键性作用。

瑞典是欧洲国家发展住宅产业化的杰出代表,同时它也是目前实现住宅产业化建造比例最高的国家,其60%的产业化住宅是采用通用部件为基础建造的。与美国类似,瑞典的工业化住宅多为独户公寓式住宅,该种住宅及其部件已成为瑞典的重要出口产品。进入20世纪80年代以后,前期的住宅产业化目标已经基本实现,住宅供给已经能够满足民众的基本需求。与此同时,欧洲的住宅产业化也出现了一些新的变化,开始向提升住宅性能和满足多样化需求的发展目标迈进。瑞典住宅产业的先进性主要表现在以下方面。

① 在较完善的标准体系基础上发展通用部件。瑞典在20世纪40年代就着手建筑模数协调的研究,从50年代开始在法国的影响下推行建筑工业化政策,并开发了大型混凝土预制板的工业化体系,大力发展以通用部件为基础的工业化通用体系。在50年代到70年代大规模住宅建设时期,建筑部件的规格化逐步纳入瑞典工业标准(SIS)。1960年颁布"浴室设备配管"标准,1962年颁布"门扇框"标准,1967年颁布"主体结构平面尺寸"和"楼梯"标准,1968年颁布"集合式住宅竖向

尺寸"及"隔断墙"标准,1969年颁布"窗扇、窗框"标准,1970年颁布"模数协调基本原则",1971年颁布"厨房水槽"标准等等,基本形成了集合式住宅各部件的规格、尺寸通用体系,并实现了模数协调。部件的尺寸、连接等的标准化、系列化为提高部件的互换性创造了条件,不但使通用体系得到较快的发展,而且节材、节能,使瑞典住宅产业逐步走上了可持续发展的住区模式。

② 瑞典以其住宅技术的先进性拓展全球市场。瑞典住宅建设不仅解决了本国居民的居住问题,而且以其先进性打入国际市场,对瑞典上世纪六七十年代的经济腾飞起到了巨大作用,并且延续到现在。瑞典褚红色的小木屋等独立式住宅,在全世界闻名遐迩,独立式住宅建造业十分发达。像其他西方国家一样,长期以来瑞典以一户或两户的独立式住宅为主,独立式住宅90%以上是工业化方法建造的,瑞典的工业化住宅率是全球最高的,它不仅为本国生产住宅,全欧洲也都在瑞典订购住宅。其工厂生产线科技含量很高,生产出来的产品工业化程度高、生产技术先进、质量好、性能高、材料精致、加工精度高。瑞典的大约50多个工业化住宅公司中,有12家大型住宅公司,瑞典的住宅生产商向德国、奥地利、瑞士、荷兰以及中东、北非出口工业化住宅。

③ 政府通过标准化和贷款制度推动住宅工业化。瑞典政府早在20世纪40年代就委托建筑标准研究所研究模数协调,之后又由建筑标准协会(BSI)开展建筑标准化方面的工作。瑞典政府为了推动住宅工业化和通用体系的发展,于1967年制定《住宅标准法》,规定所建住宅如果使用符合瑞典国家标准等建筑标准的建筑材料和部品,实现住宅的标准化、模数化,该住宅的建造就能获得政府的贷款。政府还为低收入阶层和老年人提供住宅补贴,并为非营利性机构提供住宅低息贷款和利息补贴。

④ 住宅建设合作组织起着重要作用。居民储蓄建设合作社(HSB)是瑞典合作建房运动的主力。HSB负责材料和部件的标准化工作,它制定的HSB规格标准更多地反映了设计人员和居民的意见,更能符合广大成员的要求。

⑤ 住宅工业化的先进水平为瑞典形成成熟的居住区发展模式奠定了基础。尽管瑞典住宅的建设量近15年来每年不足30 000套,有大约一半是工厂制造好到现场拼装的独立式小住宅,比较成规模的建设集合式住宅的项目并不多,但瑞典政府主导,确保新建的住区成为生态节能型住宅的典范,并吸引全球的人士前往参观,向各国展示其可持续发展的理念和技术,这也促进了瑞典住宅产业对国际市场的拓展。

美国、日本及欧洲各国等在二战后基本都经历了住宅产业化的过程，由低级发展到高级，由集团住宅体系的发展转向全社会、全行业化的通用住宅部品的发展，住宅产业链上下游企业初步建立起了彼此协调、相互制约的生产机制。各生产环节不断自发地创新发展，淘汰落后的产品和技术，在生产能力和产品质量上都有了极大的提高，住宅建设进入产业化的发展轨道。

2.2 我国住宅产业现代化发展概述

2.2.1 近年来国内住宅产业现代化发展回顾

为了引导我国住宅产业技术的进步，原建设部于1998年7月专门组建了住宅产业化促进中心，负责推进我国住宅产业领域的技术水平和现代化建造工作，同年出台了《住宅产业现代化试点工作大纲》和《关于推进住宅产业现代化提高住宅质量的若干意见》。1999年，国务院下发《关于推进住宅产业现代化提高住宅质量的若干意见》（国办发〔1999〕72号），成为推进我国住宅产业现代化的纲领性文件，文件中明确界定了我国实施住宅产业现代化战略的指导思想、主要目标、工作重点和实施要求。在此纲领的指引下，我国在住宅产业现代化领域取得了很大进步。

1999年底，原建设部制定了《商品住宅性能认定管理办法》，编制并发布了《住宅性能评定技术标准》，提出了商品住宅性能评定的方法和内容，为住宅产业现代化的发展提供了重要保证。目前一些省、直辖市、自治区也开始进行相应的认定工作，通过住宅性能认定的小区及时对外公布。住宅性能认定能够反映住宅的综合性能水平，体现节能、节地、节水、节材、环保等产业技术政策，倡导成品住宅建设，引导住宅科学开发和住房理性消费，是推进住宅产业现代化的重要工作机制。截至2013年6月，通过住宅性能认定预审的项目有950多个，通过终审的项目有400多个。

2004年中央经济工作会议上，胡锦涛同志明确指出，要大力发展"节能省地型"住宅，全面推广和普及节能技术，制定并强制推行更严格的节能、节材、节水标准。2005年《政府工作报告》中明确提出住宅产业化的目标是要生产出"节能省地型"的住宅。

2006年启动国家康居住宅示范工程。以住宅小区为载体，以推进住宅产业现代化为总体目标，通过示范小区引路，开发、推广应用住宅新技术、新工艺、新产品、新设备,提高住宅建设总体水平,从而带动相关产业发展,拉动国民经济增长。到2013年年底,住建部已批准75个示范项目。这些项目在建造过程中积极贯彻国家"节能、节地、节水、治污"的方针和可持续发展理念,采用新型建筑结构体系,在小区的整体规划设计和科技应用水平上均发挥了很好的示范性作用。

2006年6月建设部下发《国家住宅产业化基地试行办法》(建住房〔2006〕150号)文件,"国家住宅产业化基地"正式实施。建立国家住宅产业化基地是推进住宅产业现代化的重要措施,其目的就是通过产业化基地的建立,培育和发展一批符合住宅产业现代化要求的产业关联度大、带动能力强的龙头企业,发挥其优势,集中力量探索住宅建筑工业化生产方式,研究开发与其相适应的住宅建筑体系和通用部品体系,建立符合住宅产业化要求的新型工业化发展道路,促进住宅生产、建设和消费方式的根本性转变。通过国家住宅产业化基地的实施,进一步总结经验,以点带面,全面推进住宅产业现代化。国家住宅产业化基地主要分为三种类型,即开发企业联盟型(集团型)、部品生产企业型和综合试点城市型。截至2013年年底,全国共批准建立三类国家住宅产业化基地共计41个。

在实施住宅产业现代化战略的初期,制定完善住宅产业领域的相关标准体系和指导规范是最为基础性的工作。为此,住宅产业化促进中心设立多项专业课题,支持鼓励高等院校和科研单位的研究人员进行前期的基础研究,并在此基础上制定和修订了一系列相关的技术标准和指导规范,如《城市居住区规划设计规范》《住宅模数协调标准》《商品住宅装修一次到位实施导则》等。加大对住宅建筑集成体系和部品体系的开发、研究与推广工作,制定颁布了《商品住宅性能认定管理办法》《住宅性能评价方法与指标体系》等配套文件,在全国范围内实行住宅性能认定制度,引导各地不断提升新建住宅的性能。

近年来,我国发展住宅产业现代化取得了一定的成果,主要体现在:

(1) 促进了住宅产业的转型升级

在住宅产业现代化的推进过程中,培养和发展了一批科研力量大、技术集成能力强、有相当影响力的龙头企业,发挥了现代工业的规模效应,带动了中小企业的发展,对淘汰落后产能起到了促进作用,推动了住宅产业体系的初步形成,拉动了住宅产业乃至整个经济社会的发展。

(2) 住宅产业现代化工作机制逐步建立,各种示范试点发挥重要引领作用

1998年原建设部成立住宅产业促进中心以来,各地政府都加强了组织建设,基本明确了推广住宅产业化的机构。住宅产业化各方面的工作都取得了积极的成

效。住宅性能认定制度和住宅部品认证制度得以建立和发展。建设了"国家住宅产业现代化综合试点城市"和"国家住宅产业化基地";通过国家康居示范工程和性能认定建设了一大批省地节能环保型住宅,并应用了大量"四新技术",带动了住宅产业链的形成;住宅部品认证制度取得进展,确保了住宅部品的质量和应用的可靠性。

(3) 节能省地环保型住宅成为发展趋势

2004年中央经济工作会议上,胡锦涛总书记针对住宅建设领域,首次提出发展"节能省地型"住宅,随后原建设部制定了《关于发展节能省地型住宅和公共建筑的指导意见》(建科〔2005〕78号);原建设部、发改委、财政部、科技部推进供热体制改革、既有建筑节能改造、可再生能源利用、绿色建筑等试点工作。

(4) 住宅的质量和性能提升,居住水平和环境改善

1999年以来,我国逐步建立了引导住宅产业现代化成套技术应用和住宅性能提升的机制,经过近15年的发展,我国住宅的适用性能、环境性能、经济性能、安全性能和耐久性能均得到了提升和改善。

(5) 新型建筑工业化住宅建筑结构体系不断发展和完善

国内各地经过多年实践,发展了许多新型的住宅结构体系和技术系统,适用于不同的住宅建设领域,能够充分发挥建筑工业化的优势,在提高住宅质量、加快建设进度、降低资源消耗、减少环境污染等方面起到了非常积极的作用,对于促进我国建筑业从资源密集和劳动力密集型向技术密集型的过渡和转变具有重要意义,符合住宅产业现代化和新型建筑工业化发展的趋势。

(6) 住宅产业现代化集成技术系统不断发展

随着节能省地环保型住宅的大量建设,住宅产业现代化技术逐步由单项推广向集成化、系统化推广转变。近几年建设主管部门及科研设计单位相继推出了一些技术标准、指南和导则等,为产业化实施提供了技术支撑。如住建部住宅产业化促进中心和中国建筑科学研究院、中国建筑设计研究院共同编制的《节能省地环保型住宅"四节一环保"技术体系框架》,住建部住宅产业化促进中心主编的《保障性住房产业化成套技术集成指南》等。

(7) 住宅部品体系不断丰富发展

近年来,我国部品部件企业发展迅速,不仅消化吸收国外先进的住宅技术,自主研发和自主创新能力也大幅度提高。同时,住宅部品制造的产业集群趋势有所加强,部分住宅部品达到了世界先进水平。

(8) 住宅标准化开始起步,成品住房发展迅速

各个相关部门积极编制了《商品住宅装修一次到位实施导则》《全装修住宅逐套验收导则》《保障性住房套型设计及全装修指南》《住宅室内装饰装修工程质量验收规范》等,推动了成品住房的发展。各地也结合自身情况出台了建设成品住房的目标和措施。

2.2.2 住宅产业现代化发展面临的形势

1999年国务院72号文颁布以来,我国住宅产业现代化取得了一定的发展,住宅产业转型升级取得了一定的成效,为我国目前大范围推广实施住宅产业现代化创造了良好的形势,奠定了深厚的基础。目前我国住宅产业现代化发展面临的有利形势主要体现在以下几点:

(1) 国务院72号文的颁布实施及十数年的实践为住宅产业现代化的发展奠定了深厚基础。

十数年来我国住宅产业现代化的发展取得了一定的成效,主要有:①促进了住宅产业的转型升级;②住宅产业现代化工作机制逐步建立,各种示范试点发挥重要引领作用;③节能省地环保型住宅成为发展趋势;④住宅的质量和性能提升,居住水平和环境改善;⑤新型建筑工业化住宅建筑结构体系不断发展和完善;⑥住宅产业现代化集成技术系统不断发展;⑦住宅部品体系不断丰富发展;⑧住宅标准化开始起步,成品住房发展迅速。这些都为现阶段大范围推广和实施住宅产业现代化奠定了基础。

(2) 国家"十二五"规划的战略发展要求和十八届三中全会精神为住宅产业化突破发展提供了契机。

"十二五"期间是我国经济发展方式转变、产业结构调整,向现代工业化迈进的攻坚时期。实现住宅产业现代化,就是转变发展方式,走新型工业化道路,符合建设领域落实科学发展的具体要求。十八届三中全会提出了全面改革、经济转型、产业升级的要求,以及"市场将在资源配置中起决定性作用,同时要更好地发挥政府作用"的要求,发展住宅产业现代化,正是住宅产业贯彻落实十八届三中全会精神的具体体现。

(3) 大规模保障性住房建设和新型城镇化建设为住宅产业发展带来了广阔的市场。

保障性住房以政府投资建设为主,具有套型面积小、建筑设计相对简单等特

点,非常易于标准化和产业化生产。"十二五"期间建设总量约 4 000 万套,如此大规模的建设,无疑为住宅产业化发展提供了广阔的市场。根据 2014 年 3 月出台的《国家新型城镇化规格》,我国要在 2020 年之前,努力实现 1 亿左右农业转移人口和其他常住人口在城镇落户,这一目标带来了大量城镇住宅需求,为住宅产业现代化的发展带来了巨大的市场契机。

(4) 人口红利的淡出为加快推进住宅产业化提供了内驱动力

一直以来,以农民工现场手工操作为主的低人工成本、粗放型的住宅建造方式制约着住宅产业化的发展。然而,近期以来,建筑业开始面临劳动力成本上升、劳动力与技工严重短缺的现实,无限的劳动力市场已经变成了有限的劳动力市场,原来依靠农民工廉价劳动力的生产方式已难以为继。

但是,推进住宅产业现代化进程,是一项庞大的系统工程,也面临着许多问题和困境。目前影响我国住宅产业现代化进程的制约因素主要包括市场、技术、经济、政策等四方面问题,严重阻碍了我国住宅产业现代化的发展进程。

① 市场因素

住宅市场发育不完善已经严重阻碍了推进我国住宅产业现代化的进程。实施住宅产业现代化需要较为成熟的住宅市场作为支撑,而充足、有效的市场需求也是必要的前提条件。目前,我国的住宅市场仍然不是很成熟,存在大量问题,如:住宅产品结构性矛盾非常突出、房屋的空置率过高、住房保障体系不健全、商品房价格上涨过快等。这些问题的存在,很大程度上阻碍了我国住宅市场有效需求的增长,进而导致其不能产生足够的市场空间推进住宅产业现代化进程。产业化住宅能否被市场和广大消费者认可,关键在于与传统住宅相比其在品质和价格两方面是否具有优势(见表 2-4)。产业化住宅作为四新结合体(新技术、新材料、新工艺、新产品),根据国外推进住宅产业现代化进程的经验来看,大体要经过三个阶段:A. 性能优势阶段,即在产业化初期,产业化住宅的居住性能要明显超过现有一般住宅,

表 2-4 产业化住宅与一般住宅的各项成本比较

	初始建造成本			后续成本			维护费用	
	地价	土地开发成本	住宅建设	住宅能耗费用	保险	税金	日常维护费用	物业管理费用
产业化住宅	相等	高	高	低	低	低	低	低
一般住宅	相等	低	低	高	高	高	高	高

但由于未实现规模化生产,其价格较高,综合性价比较低;B. 性价比优势阶段,即随着产量增加、技术普及和竞争加剧,产业化住宅性能在不断提高,同时价格在不断下降,但仍高于现有一般住宅,此阶段性价比优势开始显现;C. 性价双优势阶段,即产业化住宅不仅其性能超过现有一般住宅,而且价格也低于现有一般住宅,因而产业化住宅的性价比大幅提升。

我国目前的住宅产业现代化发展进程还处于性能优势阶段,与传统住宅相比,虽然产业化住宅在品质性能上有较大的优势,但由于建造成本较高、销售价格并不便宜,因而即使其具有较高的性能和较低的使用成本,普通顾客仍然会因为性价比较低而放弃购买,导致产业化住宅的现有市场比较小,无法实现大规模推广。

② 技术因素

住宅产业现代化的大规模推广,需要有标准化的部件技术和集成技术作为支撑。但我国住宅建造领域依然依靠传统的现场手工作业方式,还未形成住宅部件模块化分解。在技术指标体系建设上,受困于人才和技术的限制,还处于从国外引进吸收阶段,还不能实现自主研发。由于没有较为成熟和权威的标准化体系,住宅部件的生产跟不上后期建造集成的要求,直接导致部件衔接处经常出现质量问题。技术因素成为阻碍我国住宅产业现代化进程的又一重要原因。

③ 经济因素

发达国家的成功经验表明:尽管推动住宅产业现代化技术创新的主体是企业,但在住宅产业现代化的推行初期,也迫切需要国家对住宅产业的基础性研究提供必要的财政支持。目前我国住宅产业领域的科技投入一直远低于其他部门,用于住宅产业研究开发的费用仅占到整个产业生产总值的 0.4%~0.6%,远低于发达国家的 0.6%~1%。科研经费投入的不足直接导致我国的住宅产业技术水平跟不上发展的要求,阻碍了我国住宅产业现代化进程的推进。

在住宅消费领域,住房金融制度不完善是制约我国住宅产业发展的另一项重要经济因素。住宅产业现代化的发展离不开住宅金融资金的支持,我国在这方面与发达国家相比有较大差距。由于上述经济因素的制约,我国产业化住宅的开发资金和购置资金都非常不足。

④ 政策因素

我国对推进住宅产业现代化非常重视,在法律法规层面基本形成了初步的政策框架体系。但在鼓励促进方面,政策引导作用仍然略显不足。由于没有相应的技术政策、经济政策(政府在财政、税收、金融等方面的刺激鼓励政策)作为强有力的保障,我国住宅建设产业链中各相关主体,尤其是居于核心地位的房地产开发企业的积极性还没有被调动起来。现阶段住宅地产企业实施住宅产业现代化战略还处于高风险、低利润阶段,前期的大量投入还不能立刻带来稳定性的收入,加之技术的不成熟,如果出现质量问题,还可能要面临亏损的局面,因而企业的参与积极性不是很高。政府很有必要在财政税收方面给予实施住宅产业现代化战略的企业一定的优惠支持政策,补偿其产业化过程中的"外部性问题"。

2.2.3 当前存在的主要问题

（1）住宅建设还未摆脱粗放型生产方式

住宅产业的缺陷暴露明显,主要表现为:资源消耗高、生产率低、科技进步对住宅产业发展的贡献率低。能源消耗为发达国家的3～4倍,劳动生产率只相当于发达国家的1/5～1/6,科技进步对我国住宅产业发展的贡献率只有约30%,而欧美主要发达国家均在70%甚至80%以上。科技进步对产业的贡献率超过50%,才能算是集约型发展的产业,因此我国的住宅产业仍然处于粗放型的生产方式。

（2）住宅工业化成套技术体系尚未形成

住宅技术的发展仍以单项技术推广应用为主,技术上缺乏有效的集成和整合,尚未形成完整系列的建筑体系。尤其是国外已比较通用的钢结构住宅、木结构住宅、装配式住宅、混凝土砌块等新型建筑体系,缺乏相应的配套技术及相关规范、标准,推行起来难度较大,难以形成规模效益。

（3）住宅部品的工业化水平还较低

住宅部品尚未形成系列化、规模化生产体系。住宅部品的配套性、通用性差,生产规模小,特别是规范住宅部品生产的模数协调工作滞后,严重阻碍了住宅标准化、通用化住宅部品体系的形成。

（4）推进住宅产业现代化的工作机制尚不健全

缺乏统筹全局、协调统一的领导决策机制和有效的工作机制。不少地区还没有建立开展住宅产业现代化的工作机制,缺乏具体的目标、步骤和措施。住宅产业现代化的工作主要局限在住宅小区的示范、试点项目上,未能形成引导住宅发展的产业链条以及与产业现代化相适应的成套技术体系。

（5）缺乏有效的经济、技术政策作为保障

不能有效地调动社会各界推进住宅产业现代化的积极性。对形成产业现代化的住宅建筑体系、部品体系和技术支撑体系,缺乏必要的优惠政策支持和调控手段,难以形成以市场为导向的自我发展、自我创新、自我完善的市场化激励机制。

(6) 没有形成结构合理的大型骨干住宅产业链企业

我国住宅产业链上的企业(发展商、建筑商、材料及部品供应商、勘查设计单位、中介机构等)普遍规模不大,企业在粗放型的低水平上激烈竞争,由此就带来了一系列严重的资源浪费和质量问题。

(7) 住宅建筑的节能与室内环保性能远远落后于发达国家

建筑节能与室内环保,和国民经济、居民消费、身体健康有着密切的关系,所以也是建筑可持续发展的重要内容。要实现建筑节能和室内环保,需要新的设计、结构、材料、设备和控制手段。因此,在建筑领域内采用高新科技是保障建筑可持续发展的一个关键因素。

(8) 不能满足消费者的个性化住房需求

除了价格、质量和环境外,房屋的个性化设计也是消费者追求的目标,但大部分房地产公司都不能很好地满足消费者的这一要求。

综上所述,我国住宅产业化呈现出"四低两高"的特点:工业化标准化水平低、劳动力生产率低、科技进步贡献率低、住宅综合质量低,资源消耗高、住宅生产造成的污染程度高。

2.3 我国住宅产业现代化与发达国家的比较

2.3.1 差距

我国住宅产业现代化与先进国家相比还存有不少差距,主要表现在以下几个方面:

(1) 住宅建设基本上仍是粗放型的,传统陈旧的技术仍在被大量采用。

(2) 住宅建筑标准化滞后。住宅建筑体系大多数局限于结构形式或施工技术。标准设计文件、建筑的模数标准、住宅部件产品标准不健全。

(3) 住宅部件标准化和通用化程度太低。部件的配套性、通用性差。住宅配套部品不全,材料以及配套产品品种少。

(4) 住宅科技含量低。节电、节能、节水等的先进环保技术还没有得到有效推广,新材料、新部品的优越性没有得到充分发挥,市场上有的开发商加个电动窗帘就自称智能化住宅了。

（5）缺少相应的强制性措施和保障措施，财税和金融支持政策不足，住宅产业现代化的推进缓慢，发展滞后。

2.3.2 启示

综合美国、日本及欧洲发达国家实施住宅产业现代化战略的发展经验，结合我国住宅产业现代化发展现状，我们可以得到如下启示：

（1）住宅产业现代化是未来发展的必然趋势

住宅产业现代化对提升住宅地产供应链上下游各环节的效率、改善住宅品质均具有重大意义，是未来住宅产业发展的必然趋势。从已经实施住宅产业现代化战略的发达国家的发展经验来看，虽然实施住宅产业现代化战略的原因不同，但均取得了较好的效果，不仅提升了住宅的建造效率和质量，还大大节约了建造的时间，减少了资源消耗，实现了住宅产业的集约化改造。住宅消费是我国积极培育的新兴消费热点，住宅市场还处在增量和质量并重的发展阶段。但现实的问题是，我国的住宅建造效率还很低，单位资源消耗量较大，建成的住宅达不到质量保证标准，这种现状已经不能适应未来的发展要求。因而非常有必要借鉴国外的发展经验，通过实现住宅产业现代化，提升整体供应链的效率，促进住宅产业"又好又快"地向前发展。

（2）住宅产业现代化是一个循序渐进的发展过程

住宅产业现代化是一个渐进性的发展过程，它的实现需要具备一定的物质基础和观念基础。我国现有的经济基础和技术水平还不适宜大规模发展住宅产业现代化。不顾经济和技术水平的落后，盲目追求住宅产业现代化的高水平、高速度、高档次，是客观现实规律所不允许的。从技术角度来看，我国的规划设计能力仍然较为落后，住宅部件标准化体系尚未形成，工业化生产所需的成套技术也还远远不能满足实际生产的要求。

从社会的承受能力来看，住宅产业现代化的发展必须要面对我国巨大的劳动力市场所带来的压力。欧美发达国家在推进住宅产业现代化的初期，发展住宅产业现代化大多是为了解决住宅短缺与劳动力不足的矛盾。而我国的现实情况则与此不同，我国实施住宅产业现代化战略的长远发展目标是通过工业化的建造方式提升住宅品质。我国存在着一定程度的劳动力过剩问题，而传统的住宅手工建造模式吸收了大量农村剩余劳动力。据有关机构预测，我国的总人口数在2030年前后将达到最大峰值15.6亿，而由于计划生育政策的影响，我国劳动力人口的峰值于2011年到达。因此，如果急速地实现住宅产业现代化，大规模地以工业化生产代替手工劳动生产，可能会造成大量的农村剩余劳动力失业，造成社会的不稳定。尽管住宅产业现代化是未来发展的大趋势，我国也应准确把握现实情况，立足现有条件，找到一种与我国现状相符合的发展模式，循序渐进地逐步实施。

(3) 运用金融工具发展住房市场

在美国，以住宅为主的房地产业经历了由低端到高端的三个阶段，即类制造业—服务业—类金融业。1983年联邦住房行政管理局(FHA)抵押贷款利率的限制解除后，美国的资产证券化真正发展起来，房地产业开始具备金融业的特点，能够运用各种金融工具来交易不动产。金融工具不仅提升了产业价值链，也提高了市场集中度。作为土地资源较充裕的国家，美国的房地产开发一直是低集中度行业，而随着金融创新对企业资产负债结构的改善，企业扩张速度能够加快2～3倍，2007年房地产业前十强的市场份额已由过去的10%提高到27%。

(4) 注重发挥行业协会与法制效力

在很多发达国家的房地产经纪、物业服务市场中，行业协会扮演着重要角色。例如美国房地产经纪人协会专门设立MLS核心服务部门，负责整个系统规章制度的制定、执行及监督，政府部门并不参与；物业管理协会负责制定企业培训和人员管理制度等。发达国家通常注重法制建设，例如德国不仅有鼓励修建租住房屋的法律规定，更有专业的《租房法》；英国作为物业管理发源地，除了物业管理法规，一些房地产法规对物业管理也有间接规定。

(5) 实施差别化的财税支持政策

从住宅供应方看，对于提供保障性住房的开发企业，以及进行技术研发和使用节能建筑材料的开发企业，美国、日本、德国、瑞典等政府会给予财税优惠。从住房需求方看，多数国家以收入界线标准划分人群，对于低收入的保障人群，直接提供住房或租赁公共住房，发放住房券、房租补贴等；对于中等及以上收入人群，政府一般鼓励自置住房，支持政策包括减抵个人所得税、低息贷款或补助等。

(6) 住宅开发企业是实现住宅产业现代化战略的核心力量

从国外的发展经验来看，住宅产业现代化战略的贯彻实施，除需要政府的正确引导和必要支持外，关键还需要调动起住宅房地产开发企业的参与积极性。住宅房地产开发企业是实现产业链整合的关键。我国的实际情况同样如此，住宅房地产开发企业既承担着了解市场需求、引导市场发展的重任，又要积极参与推动住宅产品的创新、新型材料和先进技术的推广，因而其在住宅产业链中的地位非常关键。

日本的住宅产业现代化发展经验表明,依托住宅房地产开发企业组建住宅产业集团是推广住宅产业现代化的一条可行途径。其优势在于,产业化集团可以通过虚拟经营,集资金运作、规划设计、开发建造、销售服务和部品生产等多项业务为一体,利用规模化的优势实现住宅建造的标准化和集约化。

我国的住宅市场发展与日本差距较大,是逐步从福利分配模式经过层层改革才步入市场化阶段的,因此在住宅产业链条中还未形成集多项业务于一身的综合性房地产企业。但仍然可以借鉴其他行业的经验,依据模块化组织理论,以大型住宅地产企业为核心,集合产业链优势资源组建虚拟企业联盟,依靠集团力量推进住宅产业现代化进程。住宅房地产开发企业在整个开发环节中既能够直接面对市场,又能够集合众多产业链资源,是连接住宅产业链上下游的重要纽带。住宅房地产开发企业是我国实施住宅产业现代化战略的核心力量,它们肩负着整合住宅产业链上下游资源、推进我国住宅产业现代化发展的重要使命。

(7) 以示范工程推进住宅产业现代化发展

实现住宅产业现代化是一个长期、艰苦的过程,日本是将整个过程按照重点和目标分为若干个五年计划。这样各阶段都有明确的工作任务,可以集中力量,分别击破难点,便可实现相对短时间内达到分阶段的目标,最终集合实现住宅产业现代化。日本政策鼓励对节能、智能化示范小区等各类试点工程推广先进成熟的新材料、新技术、新设备、新工艺,坚持节地、节能、节材、节水原则,提高住宅科技含量。瑞典以可持续发展、"四节一环保"为理念的示范工程为载体,推广住宅产业现代化。

2.4 我国住宅产业现代化发展滞后的主要原因

(1) 顶层设计缺位

住宅产业现代化的发展缺少全局性、系统性、统筹协调的发展规划,在全国范围内,没有具体的发展目标、发展步骤和发展布局的安排;在政策支持上,尤其是税收政策上,缺少国家层面的考虑和支持;缺少自上而下的产业链协调和整合,没有形成结构合理的覆盖住宅产业链的大型骨干企业或企业联盟,企业在粗放型的低水平上激烈竞争,由此就带来了一系列严重的资源浪费和质量问题。

(2) 技术支撑体系和模数标准亟待完善

缺乏成套技术体系和标准化体系,住宅技术的发展仍以单项技术推广应用为主,技术上缺乏有效的集成和整合,尚未形成完整的建筑体系。尤其是对国外已比较通用的钢结构住宅、木结构住宅、装配式住宅、混凝土砌块等新型建筑体系,国内缺乏相应的配套技术及相关规范、标准,推行起来难度较大,难以形成规模效益。成套的标准化体系建设落后,没有形成适用范围广泛的模数标准和成套技术标准,难以大范围推广形成规模效益,降低成本。

(3) 产业工作机制和成套技术体系亟待筹建

缺乏统筹全局、协调统一的领导决策机制和有效的工作机制。不少地区还没有建立开展住宅产业现代化的工作机制,缺乏具体的目标、步骤和措施。住宅产业现代化的工作主要局限在住宅小区的示范、试点项目上,未能形成引导住宅发展的产业链条以及与产业现代化相适应的成套技术体系。

(4) 住宅产业现代化试点亟待扩大

目前全国范围内国家住宅产业化基地在内的试点数量较少,尤其是国家住宅产业现代化综合试点城市数量较少,示范效应有限。缺少国家层面的示范项目来对相关技术、标准、产品等进行更加具体直接的支持、实践和推广。

(5) 住宅部品体系建设和管理亟待加强

住宅部品尚未形成系列化、规模化的生产体系。住宅部品的配套性、通用性差,生产规模小,特别是规范住宅部品生产的模数协调工作滞后,严重阻碍了住宅标准化、通用化住宅部品体系的形成。此外,还缺乏住宅部品的质量追踪管理机制,住宅部品全寿命周期的质量管理和质量责任的落实有待加强。

(6) 缺乏有效的技术经济政策

不能有效地调动社会各界推进住宅产业现代化的积极性。对形成产业现代化的住宅建筑体系、部品体系和技术支撑体系,缺乏必要的优惠政策支持和调控手段,难以形成以市场为导向的自我发展、自我创新、自我完善的市场化激励机制。

(7) 市场培育和建设不足

目前,大部分房地产公司不能很好地满足消费者除了价格、质量和环境外的个性化需求。消费者对住宅市场,尤其是住宅产业现代化模式下开发的住宅项目,缺少认识和认同;政策上缺少对消费者购买工业化住宅的支持和优惠。住宅产业现代化发展的市场驱动力不足,没有形成市场导向的住宅产业现代化发展模式。

第3章
江苏省住宅产业现代化发展的战略选择

3.1 江苏省住宅产业现代化的发展基础

住宅产业是生产、经营住宅为最终产品的重要产业,同时也是事关经济发展与民生改善的基础产业。2012年,江苏累计完成住宅开发投资4 355亿元,投资规模稳居全国第一;以住宅为主的房地产业实现增加值2 927亿元,占全省地区生产总值的5.4%;实现房地产业税收收入1 332亿元,占全省地税收入总量的32.2%;住宅用地出让收入占财政收入的34.3%;全省房地产行业从业人员约65万人,占全社会从业人员的1.37%;至2012年年底,全省住房保障已覆盖201万户中等偏低收入及以下住房困难家庭,城镇人均住房建筑面积达到35.2 m^2,较10年前增加了8.7 m^2。江苏住宅产业发展对拉动经济增长、推动社会就业、改善居住水平发挥了十分重要的作用。

3.1.1 江苏省住宅产业现代化发展总体情况

(1) 住宅产业现代化发展情况

自2006年以来,江苏省商品住宅建设快速发展,投资和新开工规模稳居全国前列。省统计局数据显示,2006年至2010年这5年时间内全省新开工商品住宅39 480.08万 m^2,是全省2001年至2005年新开工商品住宅面积20 034.2万 m^2的1.97倍,翻了接近一番。2011年全省新开工商品住宅11 158.20万 m^2,增速虽较上年下降了47.12个百分点,但仍实现了同比增长5.06%的规模。经折算,2006年至2011年这6年间,全省新开工商品住宅面积如平均到全省全部城镇人口,约相当于人均新开工建设商品住宅10 m^2,建设量巨大。

在过去的十几年间,省委省政府以及住房城乡建设各级主管部门高度重视省地节能环保型住宅建设和住宅产业现代化工作,并结合江苏实际认真贯彻落实国家相关法律法规政策及相关标准、技术规范等,制定出台了一系列政策规定、地方标准和相关管理办法。

同时,全省各地积极创建国家住宅产业化基地和省地节能环保型住宅,建设各类试点示范项目,我省国家住宅产业化基地和各类示范项目数量水平持续领先全国。截至2012年,全省创建完成或正在创建的国家住宅产业化基地有7个,占全国的18.7%;国家康居示范工程60个,占全国的17%左右;住宅性能认定50个,占全国的7%左右;省康居示范工程75个,优秀住宅示范工程、成品住宅装修示范工程等500多个项目,全省节能省地环保型住宅建设试点示范项目共计700个左右,覆盖建筑面积约为7 000万 m^2,试点示范项目的覆盖面逐步提高,有力地推动了全省省地节能环保型住宅建设的发展,提高了全省住区综合品质和居住配套及环境质量水平,为全省节约型城乡建设做出了应有贡献。

(2) 房地产开发企业的发展情况

据江苏省行政审批系统数据显示,2012年,全省房地产开发企业有8 137个,较上年增加134个,企业数量居于全国前列。从不同资质等级看,主要以二、三级资质为主,其中:一级比重为0.92%,二级为62.49%,三级为34.51%,四级为2.08%。其中前100强企业平均营业收入5.5亿元,平均销售面积9.3万 m^2,较上年分别增长了13.9%和31.5%。

江苏省113家房地产开发企业调研数据显示,我省房地产开发行业属于分散竞争型,集中度低于全国平均水平。近年来全省房地产开发行业利润水平不断缩小,2012年全省房地产开发企业营业利润率仅为9.9%,但是盈利能力仍高于全省工业企业(2011—2012年营业利润率为5.5%左右)。江苏缺少具有较大规模和较强竞争力的开发企业,2012中国房地产开发企业100强企业中,江苏企业仅占5席且排名靠后。江苏省开发企业行业集中度情况见表3-1。

表3-1 江苏省开发企业行业集中度情况

指标	2012年		2011年	
	销售面积占比/%	销售金额占比/%	销售面积占比/%	销售金额占比/%
前八企业(CR8)	3.4	3.0	2.6	2.3

数据来源:江苏省统计局、江苏省房地产开发企业113家企业调研数据。
[注:通常以行业内规模最大的前四(CR4)、前八(CR8)或前十(CR10)企业相关数值占整个行业的份额来表示行业集中度,可划分为分散竞争型(CR8<20%)、低集中竞争型(20%≤CR8<40%)、低集中寡占型(40%≤CR8<70%)、极高寡占型(CR8≥70%)]

(3) 装饰装修企业的发展情况

我省家装企业的成长基本立足于本省市场,出省施工企业很少,普遍缺乏竞争力,代表性家装企业仅有苏州红蚂蚁、江苏锦华等。省内装饰业发达地区主要是苏州、南京、无锡、常州等地,苏中、苏北地区装饰业发展相对较弱。2012年年底公布的"2011年中国建筑装饰百强企业"中,广东省有50多家,江苏省仅有17家企业上榜。

2012年,全省13个省辖市市区商品住宅销售面积为4 425万 m^2,二手房交易面积为1 426万 m^2。如果新售商品住宅中的70%需要装修,二手房交易中的50%需要装修,按每平方米装修费用1 000元估算,2012年全省省辖市市区家装市场产值约为380亿元。考虑到房屋翻新等二次装修,以及县级市的家装市场,每年全省家装产值规模在千亿元左右,家装市场发展潜力巨大。

3.1.2 江苏省住宅产业现代化相关政策

自2000年以来江苏省陆续出台了多个住宅产业化领域的相关政策规定(见表3-2),相关政策的陆续实施为贯彻落实科学发展观和国家住宅产业化发展战略,以及推动江苏省住宅产业现代化快速发展起到了指导和引领作用。

江苏省住宅产业现代化发展相关政策的制定和颁布过程可以划分为两个主要的阶段:

表3-2 江苏省颁布实施的住宅产业现代化发展相关政策一览表

序号	政策法规名称	文件编号	颁发部门	实施日期	主要内容及要求
1	《省建设厅关于印发〈江苏省创建"康居示范工程"实施意见〉的通知》	苏建房〔2002〕172号	江苏省建设厅	2002年6月4日	提出了实施康居示范工程的指导思想、类型和条件、评审管理等
2	《省住建厅关于印发〈江苏省新建住宅全装修试点工作实施意见〉的通知》	苏建房〔2003〕138号	江苏省建设厅	2003年5月13日	提出了全省住宅全装修试点目的目标、组织管理、相关要求等
3	《省住建厅住宅产业化促进中心关于开展住宅性能认定试点工作的通知》	苏建住〔2004〕15号	江苏省住房和城乡建设厅住宅与房地产业促进中心	2004年11月15日	提出了我省实施住宅性能认定试点目的、试点范围和组织管理、申报预审、检查验收等相关要求
4	《全装修住宅逐套验收导则》		住建部住宅中心、龙信建设集团	2008年9月1日	导则确定了验收标准、检查方法、测点数量等内容

续表 3-2

序号	政策法规名称	文件编号	颁发部门	实施日期	主要内容及要求
5	《省政府办公厅转发住房和城乡建设厅关于推进节约型城乡建设工作意见的通知》	苏政办发〔2009〕128号	江苏省人民政府办公厅	2009年12月18日	提出了江苏省推进住宅全装修的目标
6	《成品住房装修技术标准》DGJ32/J99—2010	江苏省住建厅公告第84号（2010）	江苏省住建厅	2010年6月1日	该标准以成品住房装修设计、施工、管理一体化为主线，内容涉及设计、施工、监理和验收等
7	《省住房和城乡建设厅关于转发〈江苏省"优秀住宅示范工程"及"成品住房装修示范工程"管理办法〉的通知》	苏建函房管〔2010〕501号	江苏省住房和城乡建设厅	2010年6月28日	江苏省优秀住宅示范工程和成品住房装修示范工程的申报条件及申报管理程序等
8	《省政府办公厅关于转发住房和城乡建设厅等部门关于加快推进成品住房开发建设实施意见的通知》	苏政办发〔2011〕14号	江苏省人民政府办公厅	2011年2月18日	对各市成品住房建设提出了具体的目标和任务，提出到2015年，成品住房开发比例苏南中心城区为60%，其他地区为40%
9	《关于以城乡发展一体化为引领全面提升城乡建设水平的意见》	苏发〔2011〕28号	中共江苏省委、江苏省人民政府	2011年9月9日	加快住宅产业化和建筑工业化进程，提出到2015年，新建住房中成品住房开发比例苏南中心城区为60%，其他地区为40%
10	《关于印发〈全省美好城乡建设行动实施方案〉的通知》	苏办发〔2011〕55号	江苏省委办公厅、省政府办公厅	2011年12月8日	落实苏发〔2011〕28号文要求，把各地成品住房全装修比例和每个城市每年申报1~2个国家康居示范工程列入对市委市政府的考核指标

第一阶段：2000—2005年，政策的实施主要以国家康居示范工程为引导，以新建住宅全装修为试点，布局江苏省住宅产业现代化发展的基础工作。

从2000年起，江苏省根据国家《关于推进住宅产业现代化提高住宅质量的若干意见》（国办发〔1999〕72号）、建设部《国家康居示范工程管理办法》（建住宅〔2000〕274号）、建设部《商品住宅装修一次到位实施导则》（建住房〔2002〕190号）等文件精神，分别在2002年5月颁布了《江苏省新建住宅全装修试点工作实施意见》，在2002年6月颁布了《江苏省创建"康居示范工程"实施意见》，和在2004年颁布了《关于开展住宅性能认定试点工作的通知》。

这一段时期的江苏省住宅产业现代化相关政策主要突出节能、智能、环保、生态等住宅建设的发展方向,实现住宅建设由粗放型向集约型增长方式转变。一方面,通过实施加快推进新建住宅全装修和康居示范工程,进一步提高江苏省住宅建设整体水平,带动相关产业发展,拉动国民经济增长,并为全省建立和完善多层次住房供应体系积累经验,实现社会、环境、经济效益的统一。另一方面,这一阶段的政策目标侧重于评价体系的建立和试点示范工程的实施,《江苏省新建住宅全装修试点工作实施意见》提出基本形成住宅装修成套技术和通用化的部品体系;《关于开展住宅性能认定试点工作的通知》提出在江苏省逐步建立起科学、公正、公平的住宅性能评价体系;《江苏省创建"康居示范工程"实施意见》提出4~5年内在全省具有条件的地方建成数个符合地方住宅产业现代化发展方向、能带动地方经济发展并在地方起到先进示范作用,或具有主导住宅产品、重点突出的康居工程小区。这一系列相关政策的实施为江苏省住宅产业现代化的进一步发展奠定了坚实的基础。

第二阶段:2006—2010年,政策实施兼顾城乡,侧重发展住宅产业化的技术创新和标准更新,为住宅产业现代化发展制定技术保障。

随着经济的发展和住宅产业化发展水平的不断提升,产业化技术在这一阶段成为相关政策实施的主要考察对象。2008年,住房和城乡建设部住宅产业化促进中心和江苏省龙信建设集团有限公司共同编著了《全装修住宅逐套验收导则》,2009年江苏省颁布了《关于推进节约型城乡建设工作的意见》,2010年颁布了《江苏省"优秀住宅示范工程"及"成品住房装修示范工程"管理办法》以及《成品住房装修技术标准》(DGJ32/J99—2010)。

这一阶段江苏省实施的住宅产业现代化相关政策主要强调适应经济社会发展需要,把资源节约、环境友好、生态宜居的理念贯穿于城乡规划建设管理的各个环节,加快建筑业、房地产业、市政公用事业、勘察设计咨询业发展升级,促进工程建设、城市建设、村镇建设模式全面转型。同时,为了建设节约型社会,发展省地节能环保型住宅的要求,转变住宅建设方式,强调更新创新住宅产业化技术在政策的制定和落实过程中起到实质性的作用,这一阶段颁布的几项政策都比较重视"成品住房装修",提出以开发建设单位为主体,以装修工业化生产为目标,逐步提高装配化程度,在提高模数化、标准化、工厂化、多样化的产业发展水平等方面有所创新,通过一次装修完成成品住房。

第三阶段:2010年以后,政策的实施面向城乡一体化,加大成品住房的建设量,重视国家康居示范工程建设,推进江苏省住宅产业现代化工作由试点工程、示范项目向全省的各级住宅工程建设铺开,全面加快住宅产业现代化的发展速度。

住宅产业现代化在加快城市化进程、构建城乡经济社会发展一体化格局的过程中发挥着重要的促进作用。2011年,江苏省颁布出台了《关于加快推进成品住房开发建设的实施意见》《关于以城乡发展一体化为引领全面提升城乡建设水平的意见》《全省美好城乡建设行动实施方案》等住宅产业现代化发展相关政策。

进入2010年以后,江苏省住宅产业现代化经过多年的积累在成品住房开发建设、城乡一体化发展等方面取得了坚实的进展,新建住房中成品住房的比例和质量稳步提升,人居环境得到改善,以城市带、都市圈为主体的城镇空间结构初步形成,城乡建设水平不断提升,城乡建设水平居全国领先地位。同时为了推进成品住房开发建设,加快住宅产业现代化的发展势头,江苏省提出了到2015年,苏南城市中心城区新建住房中成品住房的比例达60%以上、其他地区达40%以上的总体建设目标,以及到2015年建立有效的节约型城乡建设推进机制,形成比较完善的成果示范推广体系,节约型城乡建设各项指标保持全国领先水平等总体规划目标。在这些目标的引导下,新政策的实施更加侧重城乡一体化建设过程中住宅产业现代化发展的组织领导机制,强化各地方、各级政策支持,建立健全政府引导、市场运作、社会参与的多元投入机制,多渠道筹集资金。同时相关政策要求大力宣传加快成品住房开发建设的目的、意义和政策措施,及时总结推广先进经验,并加强对相关建设工作的督促检查,组织实施跟踪考核。

3.2 江苏省住宅产业现代化发展面临的主要问题

(1) 对住宅产业现代化的内涵和外延还缺乏全面、系统的理解和认识

住建部副部长齐骥指出,住宅产业化是住宅产业链上的产业化,完善住宅产业链,使整个产业链上的资源得到优化配置,并发挥最大效益,是住宅产业化的核心任务。一直以来,对住宅产业化的内涵和核心任务缺乏全面、系统的研究。不能把简单的"四新技术"应用在施工过程中的某个环节、某些部位的方式而理解为住宅产业化。

(2) 缺乏完善的技术体系,部品化、标准化和通用化水平较低

目前住宅技术的发展还是以单项技术的推广应用为主,技术标准体系不够完善,技术集成能力弱。一些事关产业发展的关键技术问题还缺少有效的解决机制;技术缺乏有效的集成和整合,难以形成完整的建筑体系和产业链,难以发挥技术应

用的综合效益;对新型住宅建筑结构体系、部品体系的研究开发投入不足,尚未建立一套适合我国、我省住宅建筑工业化的完整的技术体系,并且缺乏相关标准和规范的支撑,没有实现技术体系的标准化和通用化,这使得目前已开发的产业化住宅建设成本普遍高于一般住宅。因此住宅产业的整体技术进步受到一定程度的制约和影响,难以吸引更多的建筑设计、施工企业向工业化方向迈进,更难以形成产业链上的相关企业相互配合、合作有序的格局。

(3) 住宅产业的科技含量仍处于较低水平

随着住宅产业现代化的推进,虽然在住宅产业的关键技术和基础技术的研究中取得一定进展,特别是中南建设等住宅产业化基地建设中,在建筑材料、结构体系及施工工艺等方面都取得了一定的研究成果,但总体上来说住宅产业的科技革新速度还比较低。一是研究成果数量不多,层次水平不高,并且成果的结构也不尽合理,主要集中在住宅建筑规划设计、质量性能、新材料(尤其是装饰材料)和建筑设备等方面。一些基础理论的研究还不够深入,一些试验研究还不系统。二是成果转化率低,许多研究成果得不到推广应用,有的甚至没有转化成产品,更形不成大规模的工业化生产。如有些结构体系研究较为系统,但在实际工程中应用不够普遍,甚至尚属空白。

(4) 激励和引导住宅产业现代化发展的政策体系尚未形成

支持住宅产业现代化的政策还没完全到位。现有住宅产业现代化政策还不是强制性的,鼓励措施还不到位,导致企业没有发展住宅产业现代化的动力。

(5) 没有形成系统高效的生产力布局

生产力布局是指国民经济各部门、再生产各环节、生产各要素的地域分布和组合。住宅产业的现代化发展也离不开相关的生产企业和生产环节在地域上的合理布局。然而,在江苏,这样的布局还远没有形成。

(6) 对产业化方式生产的住宅产品宣传不足

产业的发展以产品满足市场需求作为基础,所以任何产业的发展都离不开对消费群体的挖掘和对消费需求的满足。而从我国目前住宅产业的发展情况来看,消费者在住宅市场中依然处在信息相对稀缺的地位,对于住宅产品的认识除了自身的知识积累以外,多数是被动依靠开发商的广告导入。因此对于工业化的住宅产品,消费者还没有认识到其优越性和先进性。没有市场的潜在需求,也就不能刺激企业对工业化住宅的开发兴趣。

(7) 住宅产业发展水平距离可持续发展的目标还有较大的距离

总体来说,我省的住宅产业还没有完成从传统的"粗放型"向"集约型"的转变,住宅的建造方式仍以现场施工为主。多年来,我国住宅建设一直采用现场"湿作业"的施工方式,生产的流动性差,工作环境差,手工操作多,体现为高度的分散生产和分散经营。由此,带来的结果一是建筑周期长;二是劳动生产率低;三是住宅质量难以控制,损失浪费也比较严重。住宅产业的发展还主要依赖于资金、人力的投入以及资源、能源的大量消耗。

3.3 江苏省住宅产业现代化发展的 SWOT 分析

SWOT 分析法又称态势分析法,早在 20 世纪 80 年代初由旧金山大学的管理学教授提出。SWOT 分析法是一种能够较客观而准确地分析和研究一个单位现实情况的方法。

SWOT 分析法是把组织内外环境所形成的优势(Strengths)、劣势(Weaknesses)、机会(Opportunities)、威胁(Threats)四个方面的情况,结合起来进行分析,以寻找制定适合组织实际情况的经营战略和策略的方法。

SWOT 分析法自形成以来,广泛应用于企业战略研究与竞争分析中,成为战略管理和竞争情报的重要分析工具。分析直观、使用简单是它的重要优点。近来,SWOT 分析法已被广泛应用于许多领域。

3.3.1 优势

(1) 建筑业实力雄厚

2012 年全省共完成建筑业总产值 19 173.35 亿元,同比增长 19.82%,江苏省建筑业以总产值为首的绝对指标在全国排在前列,具有一时难以逾越的优势。全省有大批实力强大的建筑业企业。2012 年末,全省一级总承包类企业达到 644 家,一级专业企业达到 665 家,总数排全国第一。"中国承包商和工程设计企业双 60 强"排名中,江苏建筑企业占比达到 11%。

以中南集团、大地建设、省建集团、南京旭建为代表的 10 多家企业在推进建筑工业化进程中起到了较好的引领作用。全省有江苏省建筑设计研究院、苏州市设计研究院、东南大学建筑设计研究院、南京市建筑设计研究院、南京长江都市建筑设计院等一批大型综合设计研究院,建筑设计技术以及管理水平较高,有着丰富大型工程设计的经验,相信经过一定时间的研发和积累,能够胜任本地区发展住宅产业现代化的要求。

(2) 住宅产业规模巨大

2012年江苏省住宅投资4 354.626亿元,较上一年度增长6.4%;住宅施工面积33 412.17万 m^2,较上一年度增长10.4%;竣工住宅面积7 687.13万 m^2,较上一年度增长18.7%;住宅销售面积7 923.37万 m^2,较上一年度增长17.1%;住宅销售额5 089.06亿元,较上一年度增长22.4%。住房市场需求平稳,如果产业化的住宅能满足购房者的个性化需求,适当控制建造成本,并提高住宅本身的质量和性能,那么在商品房中推广住宅产业现代化的前景也是光明的。

(3) 机械设备及原材料生产充足

江苏拥有徐州工程机械集团有限公司、江苏沙钢集团有限公司等机械设备及原材料生产企业,可保证住宅产业现代化发展过程中所需的各类工程机械设备以及包括钢材在内的各类原材料的供应。

(4) 人才队伍素质较高,科技创新能力凸显

2012年,全省共有11个项目获得省委组织部、人力资源和社会保障厅、省财政厅专项资助;由我省主编或参编的国家标准11项,建筑行业标准15项;全年获省级工法283项,141项工程被授予"江苏省建筑业新技术应用示范工程"称号。全行业技术人员和经营管理人员总数达到128.46万人,技术人员和经营管理人员比例由2011年的18.77%提高到2012年21.41%,增长了14.06%。全省注册建造师总数突破13万人,达到137 942人,其中,一级建造师33 473人,二级建造师104 477人;78 231人通过了小型项目管理师资格考试;全省施工员、机械员、资料员、安全员等各类岗位技术人员总数突破95万人。

在科研院所方面,江苏的综合科教实力在全国位居前列。2012年末,江苏省共有科研机构17 776个,其中科研单位148个、高等院校761个,共有科技从业人员98.23万人,研究与发展经费内部支出1 288.02亿元。

(5) 住宅产业现代化的发展具有一定的政策基础

江苏省委省政府、省住房和城乡建设厅以及住宅产业促进中心等在国务院72号文等相关政策文件的指导下,制定了一系列与促进住宅产业现代化发展息息相关的政策文件,主要包括:①《中共江苏省委江苏省人民政府关于以城乡发展一体化为引领全面提升城乡建设水平的意见》(苏发〔2011〕28号),②《江苏省委办公厅省政府办公厅关于印发〈全省美好城乡建设行动实施方案〉的通知》(苏办发

〔2011〕55号),③《省政府办公厅转发省住房城乡建设厅等部门关于加快推进成品住房开发建设实施意见的通知》(苏政办发〔2011〕14号),④《省政府办公厅转发省住房和城乡建设厅关于推进节约型城乡建设工作意见的通知》(苏政办发〔2009〕128号),⑤《省住房和城乡建设厅关于转发〈江苏省"优秀住宅示范工程"及"成品住房装修示范工程"管理办法〉的通知》(苏建函房管〔2010〕501号),⑥《省住房和城乡建设厅关于发布江苏省工程建设标准〈成品住房装修技术标准〉的公告》(江苏省住房和城乡建设厅公告第84号),⑦《省建设厅住宅产业化促进中心关于开展住宅性能认定试点工作的通知》(苏建住〔2004〕15号),⑧《省建设厅住宅产业化促进中心关于推行住宅部品认证、淘汰制度的通知》(苏建住〔2004〕10号),⑨《省建设厅关于印发〈江苏省新建住宅全装修试点工作实施意见〉的通知》(苏建房〔2003〕138号),⑩《省建设厅关于印发〈江苏省创建"康居示范工程"实施意见〉的通知》(苏建房〔2002〕172号)。这些政策文件为江苏省住宅产业现代化的发展提供了重要的政策基础。

(6) 住宅产业现代化具备一定的发展基础

江苏省内拥有国家住宅产业化基地7个,约占全国的20%。包括:南京栖霞建设股份有限公司、江苏新城地产股份有限公司、中南控股集团有限公司、江苏龙信建设集团、苏州科逸住宅设备股份有限公司、南京大地建设集团有限责任公司、南通华新建工集团有限公司。

到2012年年底,列入国家康居示范工程实施计划的项目有60个,覆盖建筑面积1 000多万 m^2,占全国的20%左右;全省已有50个住宅项目进行了住宅性能认定,覆盖建筑面积达600万 m^2,基本实现了各省辖市的全覆盖;江苏省630个住宅产业现代化各类示范项目中涉及成品住房示范工程的项目有90个,成品住房示范工程住宅总建筑面积约占全部示范项目住宅总建筑面积的15%;江苏省共有187个项目获得绿色建筑评价标识,建筑面积2 000万 m^2,项目数占全国1/4,设立33个省级建筑节能和绿色建筑示范区,累计将建成各类绿色建筑4 000万 m^2 等。

(7) 经济实力与居民购买力较强,对产业化住宅有一定的经济接受能力

江苏省经济发达,城镇居民家庭收入水平居全国前列,居民购买力较强。根据中南集团的实践,消费者在了解之后,对产业化方式生产的住宅较为认可,对其成本增加具有一定的接受能力。

3.3.2 劣势

（1）缺乏可操作的激励政策

政府的支持力度不够，在税收、土地、金融、贷款等方面还缺乏强有力的支持措施。

（2）标准化没有形成

目前住宅设备、部品等的模数基本不协调，在住宅产业现代化建筑整体上没有统一的设计标准，各细部（如节点）有一定规范标准，以工业厂房居多。建筑部品基本没有采用，很多部件都没有标准规范、标准图可参照供选择。

（3）省内缺少大型全国性龙头开发企业

江苏省的房地产开发企业以地区性开发企业为主，缺少全国性的大型房地产开发企业。2012年，江苏省仅有江苏新城地产有限公司一家开发企业进入全国房地产开发企业20强。

（4）住宅产业现代化核心企业未形成

目前，江苏省仅有中南控股、栖霞建设等少量企业涉足住宅产业现代化，虽然已经成功运作开发一定数量的产业化住宅，但与江苏省全年商品房销售面积总量相比可谓少之又少。住宅产业现代化的核心企业尚未形成，难以进行大面积成片的开发。

（5）无国家住宅产业现代化综合试点城市

江苏省的国家住宅产业化基地以开发企业联盟型（集团型）和部品生产企业型为主，省内没有综合试点城市型基地（目前全国共有综合试点城市5个：深圳市、沈阳市、济南市、合肥市、大连市）。

（6）未形成完整的住宅产业现代化产业链

没有形成住宅产业现代化从投资、部品生产、建设到销售环节的完整产业联盟，没有实现整个住宅产业链的产业化升级。

3.3.3 机会

（1）国家住宅产业现代化综合试点城市发展

国家住宅产业现代化综合试点城市发展规划中，将江苏省的城市列为下一步可积极引导和发展的城市。江苏省内具有一定住宅产业现代化发展基础和发展前景的城市可积极申报国家住宅产业现代化综合试点城市，以获得国家政策支持。

(2) 江苏省"两个率先"发展目标

2003年,为全面贯彻落实中共十六大精神,江苏省根据本省经济社会发展基础,提出了在21世纪头20年率先全面建成小康社会、率先基本实现现代化的奋斗目标。江苏省住宅产业现代化的发展应紧紧依托"两个率先"中关于居民住房水平、城镇化等目标的实现过程,并对其进行有力支撑。

(3) 江苏省建筑业转型升级和住宅产业转型升级

江苏省建筑业目前正处在重要的转型期、突破期和攻坚期,江苏省建筑业的发展一是要着力推进建筑业结构优化,不断开辟新的发展空间;二是要着力提升建筑业科技创新能力,增强对产业链中最具附加值环节的控制力;三是要着力强化建筑企业的主体作用,充分激发企业发展活力;四是要着力提升建筑业发展整体水平,形成各具特色、优势互补、相互促进的转型发展格局。江苏省住宅产业现代化的发展应把握这一历史机遇,通过建筑业转型升级发展住宅产业现代化,并通过住宅产业现代化的发展实现江苏省建筑业的转型升级。

(4) 加强节能减排,促进可持续发展

建筑业作为我国国民经济发展的支柱产业之一,在国民经济中占有举足轻重的地位。据2011年统计,全年国内生产总值为47.2万亿元,建筑业产值为11.77万亿元。在发展建筑业的同时,通常伴随的是高能耗、高污染。据统计,我国目前建筑使用能耗已占社会总能耗约25%,若加上固化在建筑物上的其他能耗,比如钢铁、水泥、玻璃、砖石等建筑材料的生产与运输能耗等,与建筑业相关的总能耗将高达46.7%。要贯彻落实可持续发展战略,建设资源节约型、环境友好型社会,建筑业无疑是最关键的领域之一。

因此江苏省建筑业的发展必须积极推进科技创新,大力发展节能环保建筑,着力推广环保新材料、新能源、新技术等;在建筑经济增长方式方面,必须由粗放型向集约型转变。住宅产业现代化的发展能有效地降低住宅建筑在建造、运输以及使用过程中的能耗,是一种节能环保的建筑生产模式。大力发展住宅产业现代化是大势所趋。

(5) 保障房建设和棚户区改造工程

2012年,江苏省共计完成保障房建设新开工32.8万套,竣工15.3万套;2014年至2018年这5年间,全省共改造各类棚户区(危旧房)70.6万户,占同期城镇保障性安居工程总量的43.6%。目前,保障房建设和棚户区改造工程由于建设量大,建筑设计统一,已经成为推动住宅产业现代化发展的重要途径。在南京,栖霞建设开发的保障房项目"江畔人家"以及万科集团开发的上坊保障房项目均采用产业化的方式进行建设,取得了良好的效果。

(6) 新型城镇化建设

新型城镇化是指坚持以人为本,以新型工业化为动力,以统筹兼顾为原则,推动城市现代化、城市集群化、城市生态化、农村城镇化,全面提升城镇化质量和水平,走科学发展、集约高效、功能完善、环境友好、社会和谐、个性鲜明、城乡一体、大中小城市和小城镇协调发展的城镇化建设路子。江苏省新型城镇化建设的主要路径是择优培育小城镇,重点培育一批省级重点中心镇,有条件地加快发展成为集聚10万人以上的现代新型小城市。

住宅产业现代化正是完成新型城镇化发展目标的重要途径之一。

(7) 居民对房屋质量、功能要求的提升

在现代社会中,住宅不再仅仅是一个遮风挡雨的住所,它涵盖了更多的意义,由此对居住的舒适度、居住环境、居住文化的要求越来越高,房型好、环境好的住宅也越来越热销。因此,对住宅的质量和功能有了更高的要求,住宅产业现代化可以很好地解决这一矛盾,如果采用工业化的生产方式生产住宅,住宅的质量和性能将会有更大的保障。

(8) 劳动力成本上升

近年来,建筑工人的工资不断上涨。一方面,劳动力费用上涨导致了住宅产品的成本增加;而另一方面,大量农民工现场作业难以避免住宅质量问题,更是引发了对传统施工方式种种弊端的深度思考;进而形成了推动住宅产业现代化、转变住宅生产方式、提升住宅品质的重要动力。

3.3.4 威胁

产业化市场认可需要一个过程,不可一蹴而就。虽然以产业化方式生产的住宅在性能上有着较大的优势,但是由于其短期的成本弱势,即使其有着优越的性能和较低的使用成本,市场完全接受它也需要一定时间。产业化住宅的开发需要大量的前期投资,并非所有企业都有足够的产能和实力发展住宅产业现代化,其在相关企业内的普及同样需要一个过程。因此,住宅产业现代化目前难以大面积推广,其发展需要一个以点带面的过程,若急于推广,则可能导致政府、企业和市场的负担过重,难以为继。

3.3.5 战略分析

在国家政策及环境背景下,结合江苏省住宅产业的发展现状和存在的问题,给出江苏省住宅产业现代化的发展战略的初步分析。

(1) SO 战略(发挥优势,利用机会):提高建筑业劳动生产率与劳动力素质,逐步将农民工转化为建筑业产业工人;加大住宅产业现代化相关的人才队伍建设和科研投入,争取获得相关专利;继续加大国家住宅产业现代化综合试点城市和国家住宅产业化基地的相关申报和建设工作;鼓励和扶持国家康居示范工程、性能认定住宅、绿色住宅的申报和建设;在保障房的建设中推广住宅产业现代化;加大产业化住宅的市场推广工作。

(2) WO 战略(克服劣势,利用机会):加强住宅产业现代化相关制度建设,并适当使用强制措施;积极组织人员和企业编写相关部品和体系的标准;加大对新城地产、栖霞建设等省内企业发展保障性住房和住宅产业现代化龙头企业的培育和扶持;争取成功申报国家住宅产业现代化综合试点城市,在试点城市鼓励和引导住宅产业现代化资源向产业园集聚集中。

(3) ST 战略(发挥优势,抵御威胁):以实力较强的建筑业企业、国家住宅产业化基地为试点发展住宅产业现代化;以科学论证支撑住宅产业现代化的发展过程。

(4) WT 战略(直面劣势和威胁):在制度建设和标准化建设的基础上发展住宅产业现代化。

第4章 江苏省住宅产业现代化发展关键问题研究

4.1 住宅产业现代化相关概念辨析

为厘清住宅产业现代化的内涵和外延,对住宅产业现代化进行准确的定义和定位,本书对住宅产业现代化相关概念和定义进行分析和辨析。与住宅产业现代化相关的概念主要包括住宅工业化、住宅产业化、住宅产业现代化。

4.1.1 住宅工业化

4.1.1.1 工业化

(1)定义和特征

学术界关于工业化有很多定义,钱纳里等[31]认为,工业化就是指制造业产值份额的增加过程,工业化水平用制造业在国民生产总值中的份额来衡量。《新帕尔格雷夫经济学大词典》将工业化定义为:"工业化是一种过程。首先,一般来说,国民收入(或地区收入)中制造业活动和第二产业所占比例提高了;其次,在制造业和第二产业就业的劳动人口的比例一般也有增加的趋势。在这两种比例增加的同时,除了暂时的中断以外,整个地区的人均收入也增加了。"[32]国家经贸委课题组[33]认为:工业化的过程,从本质上讲就是经济结构调整的过程和产业结构不断升级的过程。张培刚[34]把"工业化"定义为"一系列基于生产函数连续发生变化的过程,工业化决不应该仅局限于工业部门,而应该覆盖整个国民经济",不能"仅仅把工业化看作是制造业(尤其是重工业部门)在国民经济中比重的增加"。按照张培刚的定义,工业化不仅是单纯的工业的增长,还蕴含了对农业部门的改造和产业间协调发展的思想。厉以宁[35]则认为工业化是指近代工业或现代工业的建立和推广并对一国社会经济发生有利作用的过程。虽然上述定义有不同侧重,但是综合来看,工业化过程具有如下的特征:①工业化是一个演进的、长期的过程;②工业化存在产出、劳动以及其他生产要素的结构变化;③工业化进程的发展伴随着经济增长与人均收入的提高。

(2) 阶段的划分

国内外经济学家如钱纳里、库兹涅兹、赛尔奎等人,基于大量的工业化发展案例,采取实证分析等方法研究经济发展阶段和工业化发展阶段的关系。不同学者对发展阶段的划分不尽相同,其中具有代表性的是钱纳里和赛尔奎的方法,他们将经济发展阶段划分为前工业化、工业化实现和后工业化3个阶段,其中工业化实现阶段又分为工业化初期、工业化中期、工业化后期3个时期。判断依据主要有人均GDP、三次产业结构、就业结构、城市化水平等标准,见表4-1。

表4-1 工业化不同阶段的标志

基本指标	前工业化阶段	工业化实现阶段			后工业化阶段
		工业化初期	工业化中期	工业化后期	
人均GDP(美元)	745～1 490	1 490～2 980	2 980～5 960	5 960～11 170	11 170以上
三次产业结构(产业结构)	A>I	A>20%,A<I	A<20%,I>S	A<10%,I>S	A<10%,I<S
第一产业就业人员占比(就业结构)	60%以上	45%～60%	30%～45%	10%～30%	10%以下
人口城市化率(空间结构)	30%以下	30%～50%	50%～60%	60%～75%	75%以上

(注:A代表第一产业,I代表第二产业,S代表第三产业)

冯飞等学者[36]认为基于人均GDP指标衡量,我国已处于工业化后期阶段,但采用购买力评价人均GDP高估了工业化发展水平;从三次产业结构判断,我国处于工业化后期的起步阶段;从就业结构看,处于工业化中期阶段;从城市化水平来看则是刚迈入工业化中期门槛,但存在因城市化滞后于工业化和城市化率统计数据的偏差而低估工业化发展阶段的问题。综合来看,我国的工业化总体上处于中期阶段,但已出现向后期阶段过渡的明显特征。工业化发展阶段的变化,意味着经济发展的驱动因素将发生改变,工业化中期阶段的经济增长主要依靠资本投入,而后期阶段就转变到主要依靠技术进步上来。工业化不同阶段的主要内容、驱动因素、贡献来源和增长理论如表 4-2 所示。

表 4-2　工业化不同阶段的主要内容、驱动因素、贡献来源和增长理论

工业化阶段	主要内容	驱动因素	贡献来源	增长理论
工业化前期	对自然资源开发	自然资源大量投入	劳动力、自然资源	马尔萨斯陷阱理论
工业化初期	机器工业开始代替手工劳动	劳动力大量投入	劳动力、资本、规模经济	古典增长理论
工业化中期	中间产品增加和生产迂回程度	资本积累	资本、规模经济、技术进步、劳动力	哈罗德-多马增长理论
工业化后期	生产的效率提高	技术进步	技术进步、资本、规模经济、劳动力	索洛的新古典外生增长理论
后工业化时期	学习和创新	新的知识	知识进步、人力资本、技术进步	罗默和卢卡斯的内生新增长理论

4.1.1.2　住宅工业化

（1）定义和特征

近年在一些大型房地产企业的推动下,与制造业深度结合的先进生产方式已是住宅工业化的内在要求和发展趋势。一方面,随着社会的发展,住宅作为一种产品或服务,工厂化生产技术被越来越多地运用到住宅制造上来,并提供高质量的产品、可负担的价格。另一方面,工业化住宅的生产方式介于制造业与建筑业的范畴之间,兼备了二者的特点,但比普通住宅更接近制造业(见图 4-1)。住宅工业化通过提高住宅部品的工业化,提高现场生产的集约化管理水平,同时也保留了建筑业的最终现场安装的生产方式,因此住宅工业化过程特别适合采用制造业的先进生

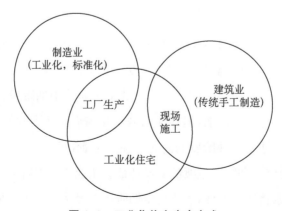

图 4-1　工业化住宅生产方式

产方式,从而在大量生产的基础上满足客户的个性化需求。

住建部住宅产业促进中心的刘美霞[37]对住宅工业化的定义为:住宅工业化是指采用现代化机械设备、科学合理的技术手段,以集中的、先进的、大规模的工业生产方式代替过去分散的、落后的手工业生产方式建造住宅,实现减少劳动力使用、提高住宅质量、缩短建设周期的目标。根据上述"工业化"定义,住宅工业化包含住宅部品、构件的标准化,住宅生产过程各阶段的集成化,部品生产和施工过程的机械化,住宅部品、构件生产的规模化,住宅施工的高度组织化与连续性,以及与住宅工业化相关的研究和实验。即像造汽车一样造住宅(见图4-2)。

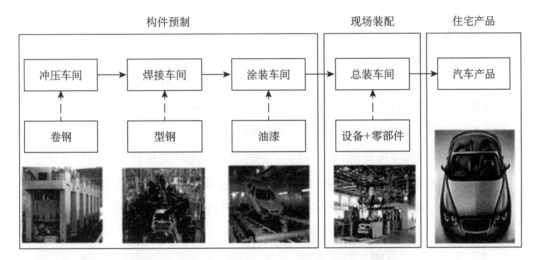

图4-2 像造汽车一样造住宅示意图

其中,标准化、集成化、机械化和规模化是住宅工业化的4个特征。

① 标准化是工业化的最基本特征,它直接导致构配件使用的通用性和构配件生产的重复性。只有当构配件的尺寸、规格、精度实现标准化,其才能够适用于不同规模、不同类型的住宅建筑和环境,即满足通用性。在满足通用性的前提下,才会进一步引出工厂进行构配件生产的重复性,进而实现构配件制造方式由分散制作向工厂流水线生产的转移。

② 集成化是住宅工业化的重要特征。住宅工业化要求系统地组织从设计到施工的每一个环节,在设计的时候就要考虑施工阶段的组装问题,这就是所谓的"施工问题前置"以及"设计可施工性"。一旦设计和计划确定,工程的每一个阶段都必须按计划进行,因为在精确的生产运作体系中,牵一发而动全身,局部的变动会带来系统性的混乱。

③ 机械化是住宅工业化的实施工具。完美的施工组织、统一的部品标准可以看作是实现住宅工业化的制度安排,而整个过程的推动力,则是生产和施工的机械化,它是住宅产业大幅提高生产效率和生产精度的核心内容。

④ 规模化是住宅工业化持续运转的前提。住宅工业化要求住宅建筑必须使用工厂中生产的通用建筑部品、构件,而只有在各类部品、构件的生产企业或行业实现规模化生产的条件下,才会产生一个可以稳定而持续地提供一系列与各种不同建筑类型相对应部品、构件的市场,也才有可能在保证质量的前提下大幅度降低生产成本。

以标准化推动机械化,以机械化推动构件规模化,以规模化促进工业化,是住宅工业化发展的必然过程和客观规律。

(2) 阶段的划分

刘东卫等学者[38]根据我国社会经济发展的宏观背景,从住宅工业化生产方式发展及技术发展的角度,将住宅工业化及技术发展过程划分为 3 个时期:

① 住宅工业化及技术的创建期。本阶段住宅工业化及技术以大量建设且快速解决居住问题为发展目标,重点创立了住宅工业化的住宅结构体系和标准设计技术,简单易行部分采用预制构件的砖混结构体系来进行住宅大量建设。西方发达国家工业化技术经验的系统性引进,促进了构件预制化技术的研究工作,也推动了早期住宅工业化试验项目建设工作。

② 住宅工业化及技术的探索期。由于建设技术水平不能满足新形势下住宅数量需求,解决住宅数量与工程施工质量相矛盾的问题已成为当务之急。本阶段住宅工业化及技术以改善居民居住生活的内部功能和外部环境问题为发展目标,以提高住宅工程质量为中心,多方面、系列化地进行了工业化生产的住宅技术和理论体系的综合研究、部品技术的系统应用和整体性实践的项目尝试。

③ 住宅工业化及技术的转变期。住房制度和供给体制发生了根本性变化,住宅商品化对住宅工业化产生了巨大影响,全社会资源环境意识的加强促进了住宅建设从观念到技术的巨变。本阶段住宅工业化及技术以住宅产业化为发展目标,由传统建造方式向工业化生产方式转变,对保障居住性能的工业化住宅体系和集成技术进行了综合性研发,推动了住宅工业化建设。

刘美霞[37]提出住宅工业化从启动到成熟一般要经历提高生产效率、提高产品质量和注重节能环保 3 个发展阶段:

① 解决效率问题的起步阶段。住宅工业化的起步阶段面临着人口快速增

长、社会住宅供应极度贫乏、无法满足国民的居住需求等问题。这一阶段的主要特征是各类工业化技术和机械的推广应用,住宅的建造速度得到了极大的提升。

② 解决质量问题的稳步发展阶段。在这个阶段,住宅的规划、设计、内部功能空间划分、套型面积选择等各方面都进行了改进,同时在保温、隔热、隔声等性能方面也有了大幅度的提升,工业化住宅向着既美观又实用、舒适的方向迈进。

③ 解决健康、环保问题的成熟阶段。这是一个更注重绿色环保、资源节约的阶段。工业化住宅开始采用更先进的技术、工艺,采用对人体更健康的材料,采用可循环使用、节约资源能源的材料,增加房屋的有效使用寿命,使用者开始从全寿命周期角度对住宅成本进行评估。如2006年,中国建筑设计研究院"'十一五'绿色建筑全生命周期设计关键技术研究"课题组,以绿色建筑全生命周期理念为基础,提出了我国工业化住宅的"百年住居LC体系"(Lifecycle Housing System)(图4-3),且研发了以保证住宅性能和品质的规划设计、建设施工、维护使用、再生改造等技术为核心的新型工业化集合住宅体系与应用集成技术。

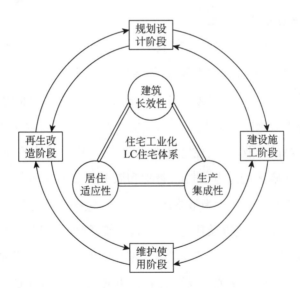

图4-3 百年住居建设理念与住宅工业化LC住宅体系

虽然学者们对于住宅工业化过程中各阶段的含义和特征有着不同的视角和看法,但是各阶段的划分方法基本类似,并与整个社会工业化发展的阶段性划分相对应。在之前研究的基础上,可以进一步将住宅工业化发展过程分为初期、中期和后期3个阶段,见表4-3。

表 4-3　住宅工业化发展过程的阶段划分

住宅工业化发展过程	住宅工业化过程阶段划分方法		工业化过程的阶段划分方法		
	刘东卫等学者	刘美霞等学者	冯飞等学者	主要内容	驱动因素
初期	①住宅工业化及技术的创建期	①解决效率问题的起步阶段	①工业化前期	对自然资源开发	自然资源大量投入
			②工业化初期	机器工业开始代替手工劳动	劳动力大量投入
中期	②住宅工业化及技术的探索期	②解决质量问题的稳步发展阶段	③工业化中期	中间产品增加和生产迂回程度	资本积累
后期	③住宅工业化及技术的转变期	③解决健康环保问题的成熟阶段	④工业化后期	生产的效率提高	技术进步
			⑤后工业化时期	学习和创新	新的知识

4.1.2　住宅产业化

4.1.2.1　产业与住宅产业

产业的概念是指生产(或服务于)具有一定性质的产品(或服务对象)的生产(或服务)单位所组成的生产(或服务)群体或生产(或服务)体系[39]。

"住宅产业"一词1968年起源于日本。国内外对于住宅产业的定义较多,中国房地产协会常务副会长顾云昌先生[40]对住宅产业的定义是:以生产和经营住宅或住宅区为最终产品的产业,包括住宅区的规划设计、住宅部件的开发和生产、住宅(区)的建造以及住宅区的经营、维修、管理和服务。郑思齐和刘洪玉[41]对住宅产业的定义为以生产和经营住宅为最终产品的产业,包括住宅规划和设计、住宅部件的开发和生产、住宅的建造以及住宅的经营、维修、管理和服务。日本对住宅产业做了如下解释:住宅产业是指住宅及其有关部品的生产、销售企业或其经营活动的总称,其中也包括"非住宅用地开发"(将农林用地、沼泽地等非住宅用地改造成为住宅可用地),它是随着住宅生产工业化的发展而出现的。1996年我国建设部发布的《住宅产业现代化试点工作大纲》和《住宅产业现代化试点技术发展要点》指出:"住宅产业是生产与经营以住宅(区)为最终产品的重要产业。住宅产业的发展,涉及住宅区的规划、设计、施工以及物业管理,涉及相关的材料和部件,是一项复杂的、庞大的系统工程。"这是我国官方文件中第一次对住宅产业的内容进行粗略的界定和表述。

需要指出的是,住宅产业与日常所说的房地产业、建筑业并不属于同一个分类体系,按照我国的产业划分方法,房地产业属于第三产业,建筑业属于第二产业。因此,住宅产业不仅包括与房地产业相关的决策组织过程、住宅流通服务和与建筑业相关的物质生产过程、住宅开发建设,而且还包括非商品住宅建设部分,此外,还涉及建材和住宅部品的研制和生产(图4-4)。

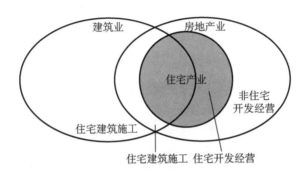

图 4-4 住宅产业与建筑业、房地产业关系

4.1.2.2 产业化

(1) 定义和特征

产业化(Industrialization)是工业化的扩展,根据联合国经济委员会的定义,它主要包括:①生产的连续性(Continuity);②生产物的标准化(Standardization);③生产过程各阶段的集成化(Integration);④工程高度组织化(Organization);⑤尽可能用机械代替人的手工劳动(Mechanization);⑥生产与组织一体化的研究与实验(Research & Development)。

国内对于产业化内涵的研究主要从产业化发展过程的角度出发来解释产业化的定义。如江红等学者[13]提出"产业化"即是使具有同一属性的企业或组织集成至社会承认的规模程度,以完成从量的集合到质的激变,真正成为国民经济中以某一标准划分的重要组成部分。丁云龙和远德玉[42]指出:一般来说,产业化具有大规模生产的含义,即基于一项新技术开发而成的产品,达到一定生产规模,从而实现收益最大化。冯永德[43]认为产业化是一个新概念,它是生产加工一条龙,贸工农一体化,生产链条的延伸,以最大限度地提高资源效益。钟杏云[44]认为由于产业的评判依据是产业的市场性和规模性,因此产业化的内涵又可以从产业的市场化角度和规模化角度来理解。

夏清明[45]认为,产业化的基本特征主要包含4个方面:①市场化,即产业化的运作方式和科技研发要紧跟市场需求。②规模化,这是产业化发展的基础。即生产不仅要形成群体规模,而且要通过多种形式不断地扩散和推广,形成聚合规模效益。③一体化,这是产业化经营的核心。即在市场经济条件下,通过利益或产权的联结,将科研、生产、销售各环节联结为一个完整的产业体系,形成紧密的经济利益共同体。④现代化,这是产业化水平的标志。即产业化始终表现为一种动态行为,由初级产业向高级产业发展、由传统产业向现代产业进军的产业化过程。它包括科研、开发、推广以及生产各环节的现代化。

因此,"产业化"的完整内涵既包括了"产业化"的结果,又包括了"产业化"的转变过程,这种过程包括从程度上的较低层次到较高层次、从范围上的较小范围到较大范围、从规模上的较小规模到较大规模的发展过程。

(2)阶段的划分

产业是指具有某种同类或类似属性的企业经济活动的集合。对于一般产业来说,从产业的产生到消亡一般要经过产业的形成、成长、成熟和衰退4个阶段,这4个阶段形成了产业的一个生命周期[46]。

① 形成阶段,产业的产品刚刚投入市场,但是市场规模还没有达到成为产业的规模性要求,或者市场机制在该市场发挥作用的程度还没有达到成为产业的市场性要求,即还没有形成真正意义上的产业。

② 成长阶段,产业的市场规模已经达到成为产业的规模性要求,而且整个产业的规模以加速度继续扩大;产业的市场机制发挥作用的程度已经达到成为产业的市场性要求,而且作用的强度在继续提高。

③ 成熟阶段,产业规模虽然还在继续扩大,但扩大的速度已经与成长期不一样了,而是以减速度的形式扩大。

④ 衰退阶段,产业的增长速度在下降,而且产业的整体规模也在缩小。产业发展到这一阶段最后可能走向消亡,也可能出现新生,并进入下一个产业的生命周期。

在形成阶段,产业的生产要素投入、产出规模和市场需求加速地增长;在成长阶段,产业的生产要素投入、产出规模和市场需求保持较慢的增长态势,产业结构趋于长期的稳定;在衰退阶段,产业的生产要素数量和种类逐渐减少,产出规模逐步缩小,市场需求加速地下降。产业发展生命周期中的4个阶段构成了一个S形曲线,如图4-5。

此外,王金武[47]将产业形成和发展的过程划分为产业化导入阶段、产业化发

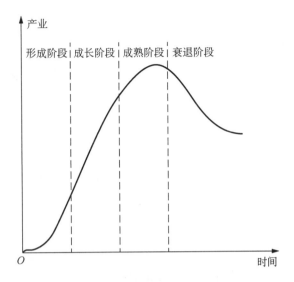

图 4-5 产业生命阶段的一般形态

展阶段、产业化稳定阶段和产业化动荡阶段 4 个阶段。

① 导入阶段,是指产业的技术研究开发和生产技术的形成阶段,又可以划分为研发、产品化及商品化 3 个阶段。

② 发展阶段,是指全面开展生产技术成果的商业运作的初级阶段,包括小批量生产和大规模生产两阶段。在这一时期,生产技术逐步改进,制造工艺过程趋于成熟,产品和工艺得到不断的完善。

③ 稳定阶段,是指商业化运作成熟阶段,这一阶段整个产业全面盈利,生产规模依旧保持增长的势头,但是趋于稳定,并出现一定程度的下降趋势。

④ 动荡阶段,新的相关技术或是产业开始崛起,旧的产业机制已经不适应市场,生产规模开始缩减,利润萎缩,企业开始收缩规模,整个产业体系处在动荡之中。

4.1.2.3 住宅产业化

(1) 定义和特征

产业的发展阶段是针对一般产业的发展规律来讲的,反映了一般产业的大体情况。但是,具体到某一个产业,情况会有很大不同。每个产业的生命周期都有可能不一样。有的产业形成期很长,但成长期、成熟期很短;有的则相反,形成期很短,成长期和成熟期很长。

住宅产业化的概念最早于 1968 年出自日本通产省,其含义是采用工业化生产的方式生产住宅,以提高住宅生产的劳动生产率,降低成本。国内对住宅产业化的概念解释有多种,其中最具权威的是我国原建设部部长侯捷在1994年天津工作会议上的讲话中定义的,也是我国政府部门第一次提出住宅产业化的概念:"住宅产业化,即让住宅纳入社会化大生产范畴,以住宅为最终产品,做到住宅开发定型化、标准化,住宅施工部件化、集约化,以及住宅投资专业化、系列化,以大规模的成型住宅开发来解决城市居民的住宅问题。"

李忠富和关柯[48]认为住宅产业化的含义体现在4个方面:住宅建筑标准化、住宅工业化、住宅生产经营一体化和协作服务社会化。这4个方面的属性可以称为住宅产业化四要素或特征。

① 住宅建筑标准化

在住宅设计中采用标准化的设计方案、构配件、部品和建筑体系,按照一定的模数规范住宅构配件和部品,形成标准化、系列化的住宅产品,减少单个住宅设计中的随意性,使构件部品能够实现工厂化的生产、组合,并使施工简单化。住宅体系标准化是实现建筑工业化必经途径,同时也是建筑生产进行社会化协作的必要条件。

② 住宅工业化

住宅生产工业化是指用大规模工业生产的方式生产住宅产品,包括住宅构配件部品生产工厂化、现场施工机械化、组织管理科学化。

③ 住宅生产经营一体化

即把生产经营中有密切关系的企业组成一个有序的整体。

④ 住宅协作服务社会化

即将分散、个体的生产转变为集中的、大规模的社会生产的过程,表现为住宅生产的集中化、专业化、协作化和联合化。

上述住宅产业化的4个特征之间不是独立的,而是相互联系、互相作用的。标准化是产业化的前提,工业化是产业化的核心,一体化是产业化的集中体现,社会化则是产业化各因素综合作用的结果,见图4-6。

(2) 阶段划分

王峰等学者[49]根据罗斯托的经济起飞理论,结合中国住宅产业大发展的目标,将住宅产业化发展的过程概括为4个时期,即准备期、初步发展期、快速发展期和成

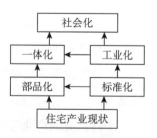

图4-6 住宅产业化特征之间的关系

熟期。

① 准备期，进行住宅产业化的基础建设工作，如组织、政策、技术与标准研究和示范、技术改造与技术引进等。此时住宅产业化的产品尚未形成，住宅产业发展尚处于酝酿时期。

② 初步发展期，系统、深入研究住宅产业化的技术并进行综合示范，此时住宅产业标准基本形成，部分新型建材技术引进项目初步完成，生产线投入使用并生产出产品，住宅产业化的规格化产品已经产生，部分地区和企业开始大规模进行住宅及部品的生产。

③ 快速发展期，住宅产业的系列化产品形成，技术发展成熟，新产品不断涌现，产品规模化生产格局形成，工业化住宅产品和部品进入大规模推广应用时期。

④ 成熟期，住宅产业化的技术与产品发展成熟，发展速度放缓，住宅产业进入稳定发展期。此时期要想加快发展，必须要有更高层次的技术创新。

王峰等学者[49]认为住宅产业发展的过程也基本符合"S形成长曲线"，如图4-7。同时，根据世界各国和地区的住宅产业化发展经验，住宅产业化发展的阶段又可分为初期、中期、后期3个阶段，见表4-4。初期为5年左右，中期为5~15年，后期为15~30年。在不同的发展阶段，其发展目标、技术、组织结构、产品与市场

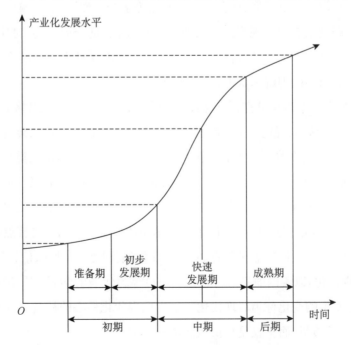

图4-7 住宅产业发展阶段分析图

等有不同的定位。初期住宅产业化水平有较明显的增长,进入中期后住宅产业化水平提高速度最快,提升幅度最大,在后期,住宅产业化发展速度开始趋缓,水平趋于稳定。

表 4-4 住宅产业化发展过程的阶段划分

住宅产业化发展过程	住宅产业化过程阶段划分方法	产业化过程的阶段划分方法	
	王峰等学者	芮明杰学者	王金武学者
初期	①准备期	①形成阶段	①导入阶段
	②初步发展期	②成长阶段	②发展阶段
中期	③快速发展期	③成熟阶段	③稳定阶段
后期	④成熟期	④衰退阶段	④动荡阶段

4.1.3 住宅产业现代化

4.1.3.1 现代化

(1) 概念与特征

"现代化"是近现代以来人类文明演进的一种趋势,是一个世界性的动态发展过程。现代化内涵涉及经济、社会、政治、文化等多个方面,反映了整个社会系统的进化过程和即刻状态的表现形式。实质上,"现代化"是个动态的、对比性的概念,在不同的国际环境和不同的经济社会发展阶段,其内涵是不一样的。学术研究界对于现代化有众多的理解和认识,但主要可以分为三类:

① 经典现代化,以布莱克、亨廷顿、罗荣渠[50]、丹尼尔·贝尔、马格纳雷拉等为代表。马格纳雷拉认为,现代化是发展中的社会为获得发达的工业社会所具有的一些特点,而经历的社会变革。塞缪尔·亨廷顿[51]认为:"现代化是将人类及这个世界的安全、发展和完善,作为人类努力的目标和规范的尺度。现代化包括工业化、城市化,以及识字率、教育水平、富裕程度、社会动员程度的提高和更复杂的、更多元化的职业结构。"经典现代化的观点认为,现代化的文化和社会所具有的主要特点是宗教世俗化、观念理性化、经济主义、普及教育、实现城市化、福利化、流动化、信息传播。

② 后现代化,以美国殷格哈特(Inglehart)等为代表的学者,把1970年以来先进工业国家发生的变化称为后现代化。认为后现代化核心的社会目标是增加人类幸福,提高生活质量,而不仅是加快经济增长。

③ 第二次现代化,以何传启等为代表的学者认为,第一次现代化是从农业时

代向工业时代、农业经济向工业经济、农业社会向工业社会、农业文明向工业文明的转变。第二次现代化是从工业时代向知识时代、工业经济向知识经济、工业社会向知识社会、工业文明向知识文明的转变。在完成第二次现代化后,人类社会还要进行新的现代化。

这些不同认识都有助于对现代化的思索和理解。在众多认识中至少有部分看法是大家公认的:现代化过程就是从传统社会向"现代"社会转变的过程,是一个社会逐步获得"现代性"的过程,是进步,不是退步;现代化是人类发生的社会和文化变迁的表现,是具有丰富内容的综合性活动,是一个基本标准、基本状态。现代化没有时间下限,"现代"可以无限延长。现代化没有领域限制,可以指人类活动各个方面的特点。关于现代化的总特征,不同学者有着不同的看法和结论。现代化的概念与特征总结见表4-5。

表4-5 现代化的概念与特征

现代化的概念与特征		
现代化概念分类		①经典现代化;②后现代化;③第二次现代化
现代化特征	罗荣渠学者	①民主化;②法制化;③工业化;④都市化;⑤均富化;⑥福利化;⑦社会阶层流动化;⑧宗教世俗化;⑨教育普及化;⑩知识科学化;⑪信息传播化;⑫人口控制化
	亨廷顿学者	①现代化是一个革命性的过程;②现代化是一个复杂的过程;③现代化是一个系统的过程;④现代化是一个全球性过程;⑤现代化是一个漫长的过程;⑥现代化是一个阶段性的过程;⑦现代化是一个趋同的过程;⑧现代化是一个不可逆转的过程;⑨现代化是一个进步的过程
	马崇明学者[52]	①现代化是一场革命;②现代化的变革涉及人类生活的所有领域和各个方面;③现代化具有世界性;④现代化具有鲜明的时代特征

(2) 阶段划分

唐志等学者[53]将社会和产业的现代化发展划分为5个阶段并进行定性分析,即准备阶段、起步阶段、初步实现阶段、基本实现阶段、发达阶段。

① 准备阶段,这是传统社会向现代发展的一个过渡阶段。在这一阶段已有较少的现代因素进入社会和产业系统。但这一阶段机械化操作水平、市场商业发展水平可能还比较低,资金的投入水平不高,文化和科技及管理水平尚处于传统产业生产状况。因此,这一阶段主要是为现代化发展做一定的基础准备。

② 起步阶段,这是现代化的进入阶段。这一阶段大量现代因素进入社会和产业系统。生产目标已从物品需求转向商品需求,现代因素对社会发展已经有明显

的推动作用,处于现代化起步状态中。这一阶段,在产业的生产条件、产出结果和社会经济的保障方面,现代化的特征开始显露。

③ 初步实现阶段,是现代化发展较快的阶段。这一阶段社会和产业的现代化实现程度进一步提高,不仅各方面投入水平较高,而且产出水平得到快速发展,已经初步具备现代化特征。

④ 基本实现阶段,这是现代化快速成长时期。这一阶段不仅各方面投入水平已经处于较大规模、较高程度的发展阶段,而且资金的投入已达到较高水平,产业的发展已逐步适应工业化、商品化和信息化的要求,生产组织、产业整体水平与商品化程度与社会工业现代化和社会现代化已经处于协调的发展过程中。

⑤ 发达阶段,这是现代化实现程度较高的发展阶段。这一阶段,不仅已有质的变化,与发达国家比较,其现代化水平已基本一致。这时社会与产业的生态、经济、社会三大效益协调发展,已进入可持续发展阶段,全面实现了现代化。

陈钦等学者[54]认为现代化发展不仅要满足人们的物质需求,而且要实现人们对更高生活质量的追求。所以,现代化的发展可以划分为5个阶段:萌芽阶段、开始阶段、发展阶段、基本实现阶段、成熟阶段。

① 萌芽阶段,这是向现代化发展的准备阶段,这一阶段主要是为现代化发展奠定物质基础阶段。

② 开始阶段,开始显露具有现代化特征的生产条件,社会和产业的工业化水平有所提高,现代化因素对社会和产业的发展已经有明显的推动作用。

③ 发展阶段,已经初步具备现代化特征,资本的投入产出水平较高,更多的科学技术得到应用,劳动生产率也得到提高,产业经营由粗放经营向集约化经营转变。产业结构趋向合理,经济增长质量与效益同步提高。

④ 基本实现阶段,第一、第二、第三产业协调发展,社会和产业发展已逐步实现市场化、工业化、商品化和信息化;生产组织、行业整体水平、商品化程度处于协调的发展过程中。先进的科学技术发展和应用促进了行业科技贡献率的提高,人才素质进一步提高。

⑤ 成熟阶段,现代化实现程度较高的发展阶段。这一阶段工业化程度高,产品附加值高,市场体系完善,科技水平较高,拥有较高素质的人才队伍。

4.1.3.2 住宅产业现代化

(1) 概念

现代化是先进性、科学性以及文明发展的表现。住宅产业现代化是在科技进步前提下的住宅产业化。我国住宅产业正处在持续快速发展阶段,但与发达国家相比仍存在较大差距。要弥补这一差距不能单纯地依靠扩大建设规模,进行建筑材料的制品生产,而要靠科技进步为先导的住宅产业现代化,走集约化发展之路。

肖吉军[55]认为,住宅产业现代化是住宅建设活动中的各种技术活动,包括在住宅开发、生产、流通中对原有技术的开发与改造、革新和重新组合,也包括新材料、新工艺、新技术的推广应用,是科技知识与生产相结合而实现的住宅产业化的物化形态和知识形态。住宅产业各个组成部分的发展,都依赖于现代化技术水平的提高,依赖于人们应用现代化技术的程度。

刘敬疆[56]认为,住宅产业现代化是住宅这一特殊产品工业化、标准化、通用化的具体体现,是以住宅市场需求为导向,以科技进步为依托,以成型的住宅建筑体系和与之相配套的住宅部品为基础,以科学的组织和现代化的管理为手段,通过将住宅生产全过程的开发、设计、施工、部品生产、服务和管理等环节形成一个完整的产业系统,从而实现住宅的生产、供给、销售和服务一体化的生产组织形式。

肖建章[57]也认为,住宅产业现代化是以住宅市场需求为导向,依托科技进步,以成型的住宅建筑体系和与之相配套的住宅部品为基础,以科学的组织和现代化的管理为手段,通过将住宅生产全过程的开发、设计、施工、部品生产、管理和服务等环节联结为一个完整的产业系统,从而实现住宅的生产、供给、销售和服务一体化的生产组织形式。

本书结合以上相关定义和江苏省现阶段发展住宅产业现代化的实际情况,将住宅产业现代化定义为:以现代化的社会化大生产的方式进行住宅生产和相关服务的高级产业形态。其内涵是以住宅市场需求为导向,以科技进步为依托,以住宅生产工业化为基础,以科学的组织和现代化的管理为手段,以住宅及住宅相关服务为产品,以提高住宅生产的资源节约度和环境友好度、提高住宅产品的价值、提高住宅产业的效率为目的,将住宅产业中的投资、生产、流通和服务的各个环节及各个生产要素组织起来,形成结构完整、组织协同、布局合理、世界领先的住宅产业的产业链。

就现阶段而言,住宅产业现代化的核心内容是住宅生产的工业化、住宅产业链的一体化以及在此基础上住宅生产和使用的信息化、绿色化和价值最大化,见图4-8。

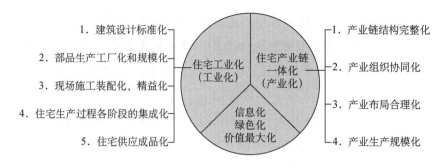

图 4-8 住宅产业现代化的核心内容

① 住宅的工业化（工业化）

住宅的工业化是住宅产业化的第一步，也是最重要的一步，其内涵为：建筑设计标准化，部品生产工厂化和规模化，现场施工装配化、精益化，住宅生产过程各阶段的集成化，住宅供应成品化。

② 住宅产业链的一体化（产业化）

其内涵包括：产业链结构完整化、产业组织协同化、产业布局合理化、产业生产规模化。

③ 信息化

其内涵包括：政府监管和企业管理信息系统的建立，BIM、智能化、物联网等先进信息技术的应用。

④ 绿色化

其内涵是住宅生产和使用过程中资源利用的集约化，环境影响的最低化。

⑤ 价值最大化

其内涵包括住宅质量的提高，住宅使用功能的完善化、舒适化和智能化等内容。

（2）产业形态

产业形态是产业存在发展的外部形式，包括产业结构形态、产业链生态、产业活动质态以及产业发展业态。

王国平[58]从产业结构状态、产业链生态、产业活动质态以及产业发展业态这四个方面对产业形态的发展过程进行了研究。

产业结构呈现于三次产业之间及每一产业内部，表明人类产业文明的总趋势。所谓三次产业，是指产业结构状态在宏观、整体上的表现方式，体现产业升级的基本轨迹（三次产业结构可通俗地表述为："一二三""二三一""三二一"，即依据各产业产值占总产值中的比重而排列其序)。产业内部结构含技术结构、资金结构、劳动力结构等等(技术密集型、资金密集型、劳动密集型均为形象表达)。以制造业为例,就存在由信息技术等所代表的高新技术制造业(以下简称第一类型制造业)和用先进技术改造的传统制造业(第二类型制造业)。一般而言,先进制造业愈发达,第一类型所占比例愈高。"三二一"结构下的制造业具有"三化"(智能化、环保化和服务化)特征。

产业链生态使全球范围内不同国家或地区的产业层次落差、价值贡献和均衡要求透彻地予以展现。一个地区或者国家必须竭尽全力提升产业层次,在产业链上不断上移。

产业活动质态是全部产业升级的基础,从而使企业成为产业发展的真正主体。在产业升级过程中,全社会各类要素均存在介入的空间并理应做出贡献,但起根基作用的是企业活动质量的提升,因而与产业活动质态直接关联的企业始终是产业升级的主体。产业升级分为四个阶段:工艺流程升级、产品升级、功能升级、链条升级。这实际上是强调产业内升级即产业活动质态变化是产业整体升级的条件。

作为产业活动载体的业态,既可以是企业活动选择的创新方式,也可以成为产业整体创新的平台。近代工业飞速发展,"流水线"生产业态以及适时生产的"零库存""零时间"等运行业态的出现同样功不可没(如表4-6所示)。

表4-6 产业形态发展过程

内容		发展过程
产业结构形态	整个产业	"一二三"→"二三一"→"三二一"
	产业内部	高新技术占比增加,智能化、环保化、服务化
产业链生态		提升产业层次,在产业链上不断上移
产业活动质态		工业流程升级→产品升级→功能升级→链条升级
产业发展业态		手工生产→流水线生产→精益生产

(3) 住宅产业现代化的阶段划分

对于住宅产业现代化发展的阶段划分,应该参考当前的住宅产业化技术发展情况和相关行业政策,并结合各地区住宅产业技术水平差异大的特点,依据所在地区的实际情况来确定。

肖吉军[55]根据住宅产业现代化发展阶段的要求和发展总体目标,将住宅产业现代化的实现过程大致上分为三个阶段来实施:住宅产业现代化发展准备工作阶段、建立住宅产业现代化相关技术支撑体系阶段、住宅产业现代化基本实现阶段。

① 住宅产业现代化发展准备工作阶段,包括各地制定住宅产业发展规划与技术政策。对传统技术进行改造,建立健全与住宅产业相关的标准体系,建立标准化机构,开展试点工作,并按产业化的方式进行生产。

② 建立住宅产业现代化相关技术支撑体系阶段,包括住宅所用材料和部品生产的工业化技术、标准化技术体系,进而大幅提高住宅产业的科技进步贡献率;加速发展与住宅相关的材料、部品和设备生产技术系列研究开发,形成规模生产和配套供应的生产体系。

③ 住宅产业现代化基本实现阶段,包括住宅产业现代化技术得到很大的提高,基本实现住宅所用材料、产品的通用化、系列化和生产、供应的社会化;初步形成系列的住宅建筑体系,住宅质量满足居民的长期居住要求;环境生态技术得到大力发展,居住环境有较大的改善;建立完善的质量控制体系和住宅性能综合评价体系,住宅科技含量进一步提高。

肖建章[57]根据住宅产业现代化的发展目标和要求,建议将住宅产业现代化的发展过程划分为三个阶段:体系初步建立阶段、体系基本建成阶段、完善与推广阶段。

① 体系初步建立阶段,包括编制城市工作方案及实施方案;建立完善的组织机构及运行机制;初步建立住宅产业现代化的法规、政策、标准及技术体系,并在局部关键技术方面取得突破;确定示范项目的建设。

② 体系基本建成阶段,包括制定符合地区经济和社会发展实际的住宅产业现代化发展规划和纲要,基本建立完善的法规、政策、标准及技术体系,基本形成行政手段与市场机制相互作用下的住宅产业现代化工作的推进局面,进行阶段性成果总结并予以推广。

③ 完善与推广阶段,包括在经验的基础上调整与完善,建立富有特色的法规、政策、标准与技术体系;基本形成以研发、生产、推广、应用等相互促进的市场推进机制为主导的住宅产业现代化发展的良好局面,起到示范引导作用。

因此,可以将住宅产业现代化发展过程划分为初期、中期和后期三个阶段,并进一步将前期研究成果总结为表4-7。

表 4-7 住宅产业现代化发展过程的阶段划分

住宅产业现代化	现代化过程阶段划分方法		住宅产业现代化阶段划分方法	
	唐志等学者	陈钦等学者	肖吉军学者	王金武学者
初期	①准备阶段	①萌芽阶段	①准备工作阶段	①体系初步建立阶段
初期	②起步阶段	②开始阶段	②建立支撑体系阶段	①体系初步建立阶段
中期	③初步实现阶段	③发展阶段	②建立支撑体系阶段	②体系基本建成阶段
中期	④基本实现阶段	④基本实现阶段	③基本实现阶段	②体系基本建成阶段
后期	⑤发达阶段	⑤成熟阶段	③基本实现阶段	③完善与推广阶段

4.1.4 住宅产业现代化的概念中工业化、产业化、现代化三者之间的关系

推进住宅产业现代化，是以市场需求为导向，以工业化、产业化、现代化为路径，将住宅产品的开发、设计、施工、部品的生产、管理和服务等环节联结为一个完整的现代产业系统，推进技术创新，全面提高住宅质量。

(1) 工业化、产业化、现代化三者的区别与联系

住宅工业化和住宅产业化相比，前者是指对住宅建造方式的改造，而后者是对整个住宅产业的改造，推动住宅工业化是实现住宅产业化的第一步，也是最核心的步骤，但并非全部。因此，住宅工业化只是狭义的住宅产业化，而广义的住宅产业化不仅包括住宅施工的工业化，还包括部品、构件生产的工业化，即部品、构件生产的标准化、规模化、集成化、机械化。而现代化则代表住宅产业在工业化、产业化基础上的信息化、绿色化，以及住宅产品的价值最大化，即住宅产业为适应信息时代和应对气候、环境变化等世界发展新要求，以及消费市场的新需求所做出的转变。

住宅产业的工业化、产业化、现代化需要以市场化为纽带，加快实现社会化供应和专业化分工，以促进高效产业链的融合。

(2) 三者之间的相互作用关系

在国家或地区的住宅产业发展过程中，工业化、产业化和现代化三者相互联系，相互作用，是一个有机的综合系统。工业化、产业化和现代化三者之间通过相互促进、共同发展、良性循环，达到"三化"协调的目的。它们是相互推动、互为支撑的关系（图4-9）。住宅产业的发展支撑产业的工业化进程，工业化发展进一步推动产业化，产业化发展又带动现代化的进程，住宅产业现代化的发展又有效地解决

工业化和产业化进程中出现的一系列问题。准确把握"三化"协调发展的内在机制,有利于走健康、持续发展的住宅产业现代化之路。

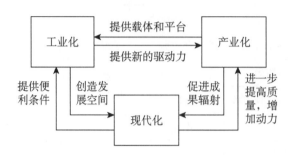

图 4-9　住宅工业化、产业化与现代化的"三化"关系图

(3) 三者发展过程中的顺序关系

根据之前相关研究成果的综合分析,可以确定地将住宅产业现代化的发展划分为初期、中期、后期三个阶段;将住宅产业化过程划分为准备期、初步发展期、快速发展期、成熟期四个阶段;将住宅产业工业化过程划分为前期、初期、中期、后期、后工业化时期五个阶段。住宅产业现代化、产业化、工业化发展进程之间并不是完全独立的,而是相互影响、相互作用,发生时间具有重叠效应(见图4-10)。例如,当住宅工业化完成前期和中期工作任务后,住宅工业化过程进入中期发展阶段,同时住宅产业化的发展进入准备阶段;而当住宅工业化进入后期

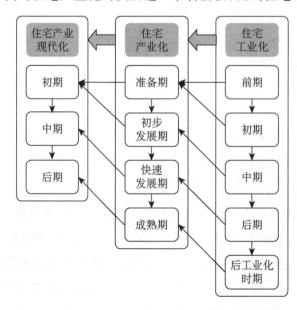

图 4-10　住宅产业现代化、产业化、工业化三者相互作用的顺序关系

的时候,住宅产业化进入快速发展期;最后,当住宅产业化进入成熟期,它同时影响住宅产业现代化过程进入后期发展阶段。由此可见,住宅产业现代化、住宅产业化与住宅工业化三者之间的阶段性发展任务是相互联系、相互促进的,住宅产业现代化由初期到后期的渐进式发展主要得益于住宅工业化与住宅产业化的多阶段、多目标的长期积累,从而达到持续发展的目的(见图4-11)。

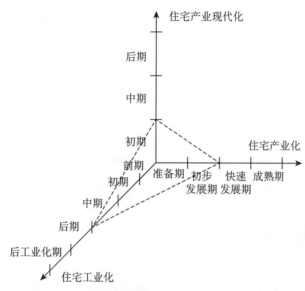

① 初期阶段发展过程对应的三者联系

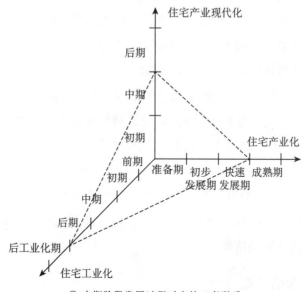

② 中期阶段发展过程对应的三者联系

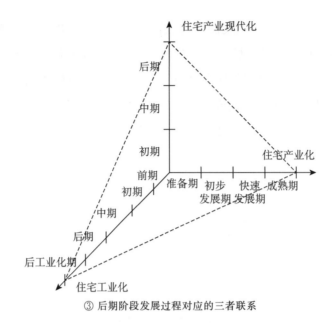

③ 后期阶段发展过程对应的三者联系

图 4-11　住宅产业现代化阶段与住宅产业化、工业化三者的阶段性过程的对应联系

4.2　产业布局研究

产业布局是产业在一个国家或一个地区范围内空间组合的经济现象[59]。产业布局理论主要认为产业的空间分布规律是一项涉及多层次、多目标、多部门、多因素影响，具有全局性和长远性的经济战略部署。产业布局的合理性与科学性，极大地影响着一个国家及一个地区经济发展的经济效益、社会效益和生态效益，关系着社会经济发展战略目标的实现。

江苏省经济形势分析与预测课题组[60]认为，作为产业空间布局的一种有效组织形式，产业集聚是调整产业结构、促进区域经济增长的重要手段和途径，是工业化时期产业经济活动的本质特征。谢作渺和赵西亮[61]提出产业集聚区已经成为产业创新发展的主要载体，对于提升区域竞争力的意义重大。因此，依据产业集聚理论进行产业空间布局，形成有效率的产业集聚，培育新的产业增长点，可以加快推进产业结构调整和优化升级，构建高层次的产业结构，提升区域产业竞争力，促进区域经济增长。

4.2.1　产业集聚的效应

产业集聚效应是指特定产业经济活动及相关要素的空间集中为所在区域经

济带来的效益和影响。产业集聚随着经济增长到一定阶段而出现,是经济增长的结果;同时,产业集聚又使经济增长获得了新的能量和动力,大大促进了经济增长。产业集聚对经济增长有着不可或缺的重要推动作用。产业集聚能提高整个行业、地区的竞争力,田井泉和吕春成[62]认为,产业集聚效应主要发挥两个方面的作用:一是规模经济的长远效应,在产业集聚中企业能够保持收益递增,而在集聚外的企业却没有这种优势;二是加快技术创新,由于产业的聚集产生技术外溢,有利于促进技术和知识的交流和改进。

具体来说,产业集聚的效应可以归纳为以下几点:

(1) 成本降低。企业的差异化战略和不断细分的市场促进了行业分工,进而带来生产成本的降低。同时,相同产业的企业的集中,又驱动了这一行业相关投入品市场的形成,企业取得所需的各种投入品的成本大大降低;企业能够便捷地在当地获取行业的最新市场动态,成本也大为降低。

(2) 配套共享。同类企业在空间位置上的集中,有利于配套产品和服务的分配,并以较低的代价从政府以及其他公共机构获得公共设施或服务,各地高新技术园区以及产业化基地的建设都有利于企业集约化地共享配套设施,使公共配套发挥效益最大化。

(3) 资源流动。对于维持产业发展、企业生产所需的各类设备、技术、资金等资源,可以在产业集聚区内保持高效使用流转,并报告资源使用的效率,形成资源的良性互动。

(4) 规模经济。企业相互之间既竞争又合作,竞争促使企业不断进行创新,提升了产品质量与产业层次,而合作又弥补了中小企业规模不经济的缺陷。既竞争又合作,使产业集聚的规模经济效应非常明显。

(5) 推动创新。同类企业在获取利益的内在动力和竞争的外在压力下,不断进行技术创新和组织管理创新。企业通过组合各种创新资源,运用科学的方法与手段创造出新产品、新工艺,并进行生产。同时,企业之间的相互竞争也有助于加强企业间技术创新的合作,从而降低新产品开发和技术创新的成本。在产业集聚内,知识和技术的扩散要明显快于非集聚化的企业,技术扩散以及技术扩散引起的企业技术创新是其他区域内无法相比的[59]。

4.2.2 产业集聚效应对产业布局的影响

按照产业集聚发展的规律,通过政府产业政策的引导,遵循行业市场的主导作用,使产业资源合理有序地向适宜该产业发展的区域流动集中,最终形成有效率的产业集聚,是产业集聚对产业布局优化产生的重要作用。

(1) 整合产业资源

大量同类企业在一个区域集聚进而可以组成若干相互联系的产业链。产业链是一个动态变化的企业集合,同时企业是产业链的载体,产业链以社会分工为基础,随着分工的不断拓展延伸,由企业集合成的产业链也在不断改变形式和内容。

同一产业链上的企业在技术上既替代又配套,在市场上既竞争又结盟,互相创造需求又共同向更高水平迈进;增强产业和区域经济的抗风险能力,符合可持续发展的要求,形成上下游关联、资源和功能互补的产业链条,有利于形成科学的、有竞争力的向集聚化方向发展的产业空间布局。

(2) 提升产业竞争力

① 降低交易成本

产业集聚降低了集群内企业交易的不确定性。产业的集聚形成了一个相对稳定的联盟结构,并促使企业自觉抑制投机活动的驱动。由于地理位置临近,企业之间相互熟悉,彼此之间的信任度增加,交易的可能也比其他地方更容易达成。产业集聚内存在共享的人力市场、品牌效益环境等资源,使得资产专用性大为降低,从而减少了资产使用的垄断,从而降低了企业的成本。

② 获得外部经济

首先,中小企业通过共同使用公共设施减少分散布局所要增加的额外投资,产业联系较强的企业因地理位置接近而节省相互间物质和信息的转移费用,从而降低生产成本;其次,通过产业的空间集聚,可以实现相同部门的中小企业数量增加,整体规模增大,进而使无法获得内部规模经济的单个企业实现合作基础上的外部规模经济。同时产业集群的发展会促进当地劳动力市场的形成和发展,并享受到规模化的劳动力市场所带来的经济效益和人力优势。

(3) 促进技术创新

产业集聚的区域内汇集了大量的竞争对手,竞争会形成强大的压力,并转而成为多数企业的强烈创新动力,迫使企业加快创新步伐。同时,大学与研究机构作为知识和技术的源头,不仅可以创造新知识和新技术,还可以通过教育、培训以及成果转化等方式,有效地促进产业集群中知识、信息、技术等的扩散,为产业集群实现激进的技术创新提供有力的支持。企业之间频繁的交流与合作、金融机构的风险参与等,都会使得产业集聚内的科技创新较容易发生。

4.2.3 住宅产业链集聚

产业的集聚程度对其竞争力有着很大影响,但不同的产业集聚度对其竞争力的影响可能差别很大。由于产业竞争力需要有相关产业的支持,而支持强度又受到产业集聚程度的影响,因此相关产业的集聚程度是区域产业竞争力的一个关键决定因素。所以真正对产业发展有决定性支撑作用的往往不是单纯的产业集聚,而是产业链集聚。

从产业链的基本分析维度来看,产业链的空间集聚问题应该是产业链理论的一个重要内容。高伟凯等学者[63]认为产业集聚研究不可以直接替代产业链研究,产业集聚与产业链集聚具有明显的不同点,见表4-8。

表4-8 产业集聚研究与产业链集聚研究的差异

		产业集聚	产业链集聚
产业集聚与产业链集聚的差异	①完整性	未强调特定区域内产业链的完整性	关注产业链的完整性
	②关联性	主要关注特定产业的空间布局问题	除了包括产业集聚的主要内容外,还更关注集聚区内产业之间的链状关联
	③空间性	单纯的产业集聚在空间上比较容易实现	整个产业链在地理空间上的集聚相对更难
	④辅助机构	通常包括辅助机构等其他主体	对辅助机构等其他主体关注较少

(1) 住宅产业链

住宅产业链即为由各个利益相关企业,围绕为住宅消费者提供住宅产品及各类服务来实现价值增值目标,而组成的动态变化的企业集合[64]。

住宅产业是资本密集型产业,另外加上中国现行的土地供给制度,两者共同决定了掌握着土地与资本的企业成为住宅产业的主导[65]。一般由房地产企业掌握土地资源,并直接面对市场,故当前住宅产业链主要以房地产企业为核心,各个配套企业如建材供应商,规划设计单位及监理单位,建筑工程施工单位,销售、物业管理等企业进行配套生产的完整住宅产业链(见图4-12)。随着整个住宅产业现代化的发展,社会分工越来越细,房地产企业也越来越重视核心能力培养,通过保留最具竞争优势的核心能力,整合外部优秀资源来实现集成化管理。

住宅产业链主体的一般活动流程为:房地产企业获取土地,委托勘察设计咨询业完成规划设计后,通过工程招投标选择施工企业进行施工,再由施工企业对原材料供应商、建材经销商、设备供应商等资源进行整合,承担施工任务,完成施工并交付给房地产企业,房地产企业通过销售代理或自行销售给最终客户,最后由物业管理公司负责对住宅产品进行维护。

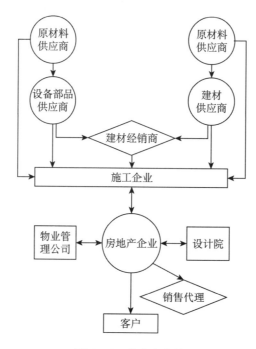

图 4-12　住宅产业链

(2) 住宅产业的相关产业

住宅产业是与众多利益相互联系、具有不同分工的相关行业相联系的。尽管这些相关行业所涉及的对象的企业运作、经营形态和流通方式各不相同,但是它们的经营对象和经营范围都是围绕着共同产品而展开的。所以住宅产业现代化发展也不是单一的某一个经济部门的活动,而是多个以住宅产品为核心、以现代化生产行为为目标的行业发展的集合体。但是,住宅产业现代化发展的核心产品仍然是住宅。它首先满足一般意义上的住宅概念,应该具备基本住宅产业的特性。其次它应该拥有一些独特的现代化生产的经济特征。依据产业链理论的思想,通过产业关联寻找直接相关的上下游产业,可以进一步定义整个住宅产业面向现代化发展的产业内容。

为了确定住宅产业与相关产业之间的密切程度,一般通过查询投入产出表来系统地反映国民经济各部门之间的投入产出关系,并揭示生产过程中各部门之间相互依存和相互制约的经济技术联系。本书根据中国投入产出学会编制的包含国民经济 42 个部门的《中国 2007 年投入产出表》来筛选与房地产业关系密切的产业。可以发现与房地产业关系密切的产业主要有化学工业、金融保险业、批发和零售贸易业、金属冶炼及压延加工业、通信设备、计算机及其他电子设备制造业、建筑业、租赁和商务服务业。

4.2.4 江苏省住宅产业布局

江苏省是全国重要的建筑、纺织、机械、电子、石化和建材工业生产基地。制造业基础雄厚,行业众多、门类齐全、配套能力强、专业化水平高,发展水平处于国内领先地位,工业总体规模始终处于全国前列。近年来,江苏按照走新型工业化道路的要求,以建设国际性制造业基地为目标,加快产业结构优化升级,培育新的产业优势,为江苏住宅产业进一步集聚资源、加快发展奠定了基础。

房地产业的发展变化会对很多相关产业产生较大的冲击,这是由于该产业具有的波及面广和产业链长等特点,会造成经济震荡,从而影响整个宏观经济的协调和稳定发展。由于产业之间具有需求与供给关系的特点,房地产业带动相关产业的发展,这表现为该产业的带动效应,带动效应包括前向带动效应和后向带动效应[66]。房地产业的前向带动效应,是指该产业通过本身和其他产业对其所产生的供给和推动作用,主要是其他产业直接或间接地对本产业产品或服务的需求所产生的影响。后向带动效应,是指该产业通过本身和其他产业对其所产生的需求和拉动作用,主要是其他产业直接或间接地对本产业供给生产要素所产生的影响。因此,房地产业通过供给推动和需求拉动对相关产业所产生的影响称为该产业的总带动效应。姚丽[66]进一步根据《中国 2007 年投入产出表》以及江苏省各产业数据分析得出,江苏省房地产业每增加 1 单位产值对各产业的总带动效应中,对化学工业的带动效应最大,居各产业之首。在 42 个产业部门中,房地产业对 18 个产业部门的总带动效应要大于 42 个国民经济产业的平均带动效应,即江苏省房地产业对以下产业有较强的总带动效应:化学工业,通信设备、计算机及其他电子设备制造业,金属冶炼及压延加工业,金融业,通用、专用设备制造业,电气机械及器材制造业,租赁和商务服务业,批发和零售业,纺织业,建筑业,纺织服装鞋帽皮革羽绒及其制品业,电力、热力的生产和供应业,金属制品业,住宿和餐饮业,交通运输及仓储业,石油加工、炼焦及核燃料加工业,居民服务和其他服务业,交通运输设备制造业。这 18 个产业部门是房地产业最为重要的相关产业,在制定产业政策、促进产业间协调发展时,需要首先考虑并高度重视,应当合理地确定房地产业与这些产业间的发展比例和规模,以避免引起产业链发展的脱节。

产业集群是江苏经济发展的一大特色和优势。20 世纪 90 年代以来,随着经济的快速发展,江苏省在 2003 年出台了《关于培育产业集群促进区域经济发展的意见》,提出要在 3~5 年的时间内,在全省形成 100 个有竞争力的产业集群。至 2013 年,江苏省已经公布 3 批共 69 个江苏省特色产业集群,其中属于住宅产业相关的生产制造部门的有 61 个产业集群,见表 4-9:

表 4-9 江苏省特色产业集群

产业部门	江苏省特色产业集群
1. 化学工业	功能新材料产业集群(常州)
2. 通信设备、计算机及其他电子设备制造业	宜兴官林电线电缆产业集群(宜兴)、光伏产业集群(常州、金坛)、智能电网产业集群(南京)、白色家电产业集群(睢宁)、电子信息产业集群(淮安)、半导体照明产业集群(扬州)
3. 金属冶炼及压延加工业	惠山冶金新材料(惠山)、张家港锦丰冶金产业集群(张家港)、传感器产业集群(昆山)
4. 通用、专用设备制造业	无锡(国家)工业设计园创意产业集群(无锡)、宜兴高塍环保设备产业集群(宜兴)、昆山模具制造产业集群(昆山)、启东天汾电动工具产业园(启东)、分析仪器产业集群(高淳)、环保产业集群(盐城)、减速机产业集群(泰兴)、健身器材产业集群(如东)、涂装设备产业集群(盐城)
5. 电气机械及器材制造业	徐州工程机械产业集群(徐州)、溧阳市输变电设备产业集群(溧阳)、昆山市电子材料产业集群(昆山)、扬中市工程电器产业集群(扬中)、锻压机械产业集群(海安、如皋)、水泥机械产业集群(扬州)、光电产业集群(句容)、装备制造产业集群(江阴)、工程机械产业集群(常州)、电梯设备产业集群(苏州)、装备制造产业集群(昆山)
6. 批发和零售纺织业	金坛服装产业集群(金坛)、常熟服装产业集群(常熟)、吴江盛泽丝绸纺织产业集群(吴江)、南通家纺产业集群(南通)、纺织染整产业集群(射阳)、化纤纺织产业集群(泗阳)、化纤纺织产业集群(宜兴)
7. 建筑业	邳州官湖板材产业集群(邳州)、常州横林强化木地板产业集群(常州)、新型建材产业(句容)、木材加工产业集群(沭阳)
8. 电力、热力的生产和供应业	风电产业集群(盐城、阜宁)、节能电光源产业集群(建湖)、输变电装备产业集群(宝应)
9. 金属制品业	常州刀具产业(常州)、扬州市邗江区金属板材加工设备产业集群(扬州)、兴化戴南不锈钢产业集群(兴化)
10. 住宿和餐饮业	酿酒产业集群(宿迁)、食品加工产业集群(溧水)

续表 4-9

产业部门	江苏省特色产业集群
11. 交通运输及仓储业	轨道交通产业集群(常州)、轨道交通产业集群(南京)
12. 石油加工、炼焦及核燃料业	建湖县石油装备产业集群(建湖)、石油机械产业集群(金湖)
13. 交通运输设备制造业	锡山区电动车产业集群(无锡)、南通市船舶产业集群(南通)、丹阳汽摩配件产业集群(丹阳)、靖江市船舶产业集群(靖江)、电动三轮车产业集群(丰县)、船舶产业集群(镇江)、汽车零部件产业集群(靖江)、汽车零部件产业集群(无锡)

从产业特性上可以看出,江苏省住宅产业的发展受许多相关产业聚集的影响明显。在相关产业的分布上,目前苏南地区主要大力发展电子通信设备制造业和电气机械及器材制造业。苏中发挥临海沿江的优势,大力发展化学工业和交通运输装备制造业。苏北大力发展通用设备制造业、专用设备制造业、交通运输设备制造业,与苏南、苏中错位发展。为了实施合理的住宅产业区域分布政策,应将住宅产业和相关产业的地区分布与地区的比较优势结合起来,将地区比较优势转化为竞争优势。通过合理和有效的产业政策积极引导,大力扶持促进住宅产业的现代化发展。同时,推进住宅产业的产业组织结构调整,通过推动企业间的购并、联合和重组提高产业集中度,形成规模效应,提高经济效益,带动其他产业的增长。提高产业技术素质,鼓励高新技术产业的形成和发展,提高产业竞争力。

第5章 江苏省推进住宅产业现代化的目标与原则

5.1 指导思想

以科学发展观和十八届三中全会精神为指导,按照建设资源节约型、环境友好型社会的要求,以建筑业转型升级和推进城镇化为契机,以新型建筑工业化为支撑,以发展优质省地节能环保型住宅为目标,在政府引导下,充分利用市场机制,依托科技创新,推广应用住宅产业现代化成套部品和技术,推进住宅产业转型升级,全面提升住宅建设质量和性能,为加快转变经济发展方式、增强可持续发展能力提供重要支持。

5.2 基本原则

(1) 以人为本

以提高住宅品质和性能为重点,营造健康、安全、舒适、和谐的人居环境,满足社会不同群体多层次、多样化的居住需求。

(2) 可持续发展

在住宅规划、设计、开发、建造、使用、维护、拆除等全寿命周期,做到资源节约和循环利用,减少环境污染,实现经济效益、社会效益、环境效益协调发展。

(3) 自主创新

以体制机制创新和技术创新为动力,引进、消化、吸收国内外先进技术和管理经验,加强住宅产业现代化技术创新和管理创新。

(4) 统筹兼顾,优化配置

考虑不同区域的实际情况,以政府引导和市场机制相结合的手段,通过制定相关政策,优化住宅产业现代化产业链结构和生产力布局。

(5) 以点带面,分步推进

以示范项目、龙头企业和试点城市带动全省住宅产业现代化有计划、有节奏、有重点地稳步发展。

5.3 主要目标

5.3.1 总体目标

以住宅产业的转型升级为核心,以"四节一环保"为主线,通过标准建设、制度建设和市场建设,转变住宅生产方式,提高住宅产业的科技进步贡献率和劳动生产率,改善住宅产品的性能和质量,提高住宅建设工业化、信息化、集约化水平,实现住宅产业由粗放型向集约型的转变,大幅度提升城乡人居环境水平和质量。

5.3.2 阶段目标

第一阶段,准备期(2015年之前):积累、完善和夯实住宅工业化、产业化和现代化的发展基础。该阶段以住宅产业现代化的发展基础不断完善为主要特征,通过总体规划制定、标准化体系建设、政策制度建设、市场建设等,不断积累、完善和夯实住宅产业现代化的发展基础。内容包括:

① 完成住宅体系标准化建设,建立包含优良部品材料目录、技术及管理标准、标准图集等在内的标准化体系。

② 出台相关优惠政策和保障措施,从住宅建设综合监管、财税、金融、土地、科研等方面支持住宅产业现代化的发展。

③ 积极发展住宅工业化,实现内墙板、楼梯、楼板、窗台板、遮阳板等标准化程度较高的构件和成熟的部品体系,以及外墙板、厨卫等非标专用构件和部品的推广和应用。

④ 培育示范企业、示范园区和试点城市,初步整合住宅部品部件生产工厂和装配施工企业,形成生产能力和产业链整合发展态势,增加国家住宅产业化基地。

第二阶段,初期(2016—2020年):初步实现住宅产业现代化,优势区域基本实现住宅产业现代化。该阶段以示范区域、示范企业、示范项目的发展为主要特征。通过龙头企业带动以及试点示范项目和试点区域的应用推广，初步形成工业化住宅的设计理论方法、标准规范体系、结构体系和部品体系及产业链生产力布局，全省初步实现住宅产业现代化，优势区域基本实现住宅产业现代化。内容包括：

① 实现住宅工业化水平的跨越式发展，实现剪力墙、柱和梁等承重结构构件和部品的推广和应用，全面提高新建成品住宅比例，优化工业化生产的工艺和流程，明显降低生产成本。

② 整合包括住宅开发投资企业、住宅设计企业、部品部件生产企业、机械设备生产企业、现场装配施工企业、住宅装饰装修企业在内的住宅生产和供应产业链，形成住宅产业现代化技术研发和住宅部品工业化生产、展示、集散、经营、服务等集散区，申报成功并发展全国住宅产业现代化综合试点城市。

③ 培育形成能完成一个住宅的所有环节，包括部品的研发制造、建筑的设计、工程的施工等，实现"一站式"流程结构的住宅产业集团或住宅产业战略联盟，形成龙头企业和全国知名住宅产业现代化品牌。

④ 增加国家和省康居示范工程、住宅性能认定、绿色建筑项目的申报，加强宣传，使民众完全认同和接受住宅产业现代化的产品。

第三阶段，中期（2021—2030年）：基本实现住宅产业现代化，优势区域率先实现住宅产业现代化。该阶段以试点的进一步影响力扩散辐射，并且形成整体竞争力为主要特征。形成一批引领行业发展的工业化住宅龙头企业，建成完备的住宅产业现代化政策体系、产品体系、技术装备体系以及综合效益高、辐射面广的住宅产业链生产力布局体系，提高住宅产业链核心竞争力和品牌影响力，全省范围基本实现住宅产业现代化，优势区域率先实现住宅产业现代化。内容包括：

① 住宅工业化水平和发达国家基本看齐，住宅部品化率、装配化率、新建成品住房率、产品质量和性能等方面基本达到先进发达国家水平，基本完成住宅建筑行业和产品服务的转型升级。

② 整合包括住宅开发投资企业、住宅设计企业、部品部件生产企业、机械设备生产企业、现场装配施工企业、住宅装饰装修企业、物业管理企业、房地产咨询机构、房地产经纪机构等在内的住宅产业的完整产业链，实现产业链的优化和升级，培育并完善2到3个包含住宅产业完整产业链的住宅产业集团以及一批龙头企业。

③ 在全国范围内形成产业链的竞争优势,以产业联盟及住宅产业集团的形式走向全国,形成以研发、设计、生产、推广、应用等相互促进的市场推进机制为主导的住宅产业现代化发展的良好局面,对全国起到示范引导作用。

④ 将住宅产业发展成为资源节约、环境友好、生产效率高、产品价值高的现代化产业。

第四阶段,后期(2030年以后):全省范围全面实现住宅产业现代化。该阶段以住宅产业现代化全面达到或超越发达国家水平为主要特征。住宅产业现代化水平达到或超过发达国家,住宅部品化率、装配化率、新建成品住房率、产品质量和综合性能等方面达到或超过先进发达国家水平,全面完成住宅建筑行业和产品服务的转型升级。

5.3.3 目标体系

住宅产业现代化发展目标体系如表5-1和图5-1所示。

表5-1 住宅产业现代化发展目标设定

指标类别	指标名称	指标单位	第一阶段目标(2015年前)准备期	第二阶段目标(2016—2020年)初期	第三阶段目标(2021—2030年)中期	第四阶段目标(2030年后)后期	备注
工业化水平	标准化户型应用比例	%					
	标准化、模数化产品应用比例	%					
	整体厨卫应用比例	%					
	非主体结构预制构配件应用比例	%					
	主体结构预制构配件应用比例	%					
	新建住宅装配化比例	%					
	新建保障性住房和棚户区改造项目的装配化比例	%					
	住宅建筑体系应用率	%					
	平均建设成本	元/m²					
	新建成品住房比例	%		60;40	80;60	90;70	
	新建保障性住房和棚户区改造项目的成品住房比例	%					

续表 5-1

指标类别	指标名称	指标单位	第一阶段目标（2015年前）准备期	第二阶段目标（2016—2020年）初期	第三阶段目标（2021—2030年）中期	第四阶段目标（2030年后）后期	备注
工业化水平	劳动生产率	万元/人	45（2013年修订目标）				
	人均技术装备水平	元/人					
	新建住宅建筑能耗（标准煤）	kg/m²					
产业链发展水平	产业链环节完整度	%					
	产业集中度	%					
	产业集聚度	%					
	产业规模	万元					
	房地产业增加值占GDP的比重	%	6.0	7.0	10.0		
	住宅产业集团/住宅产业联盟数量	个					
	国家住宅产业化基地数量	个	10	15	每年新增1~2		
	国家住宅产业现代化综合试点城市数量	个					
信息化	信息系统应用比例	%					
	BIM应用比例	%					
绿色化	清洁能源及可再生材料应用比例	%					
	绿色建筑比例	%	面积10亿m²以上	占新建建筑比重超过30			
	建筑节能减排目标完成情况	%					
价值最大化	"四新技术"应用比例	%					
	A级住宅性能认定小区数量	个	65	90	新建小区100%通过性能认定		
	康居示范工程数量	个	75	90	每年新增3~4		
	人均住房面积	m²/人	36.5	39	40		

注：目标中有两个数值的，分号前代表苏南中心城区需达到的目标，分号后代表其他地区需达到的目标。

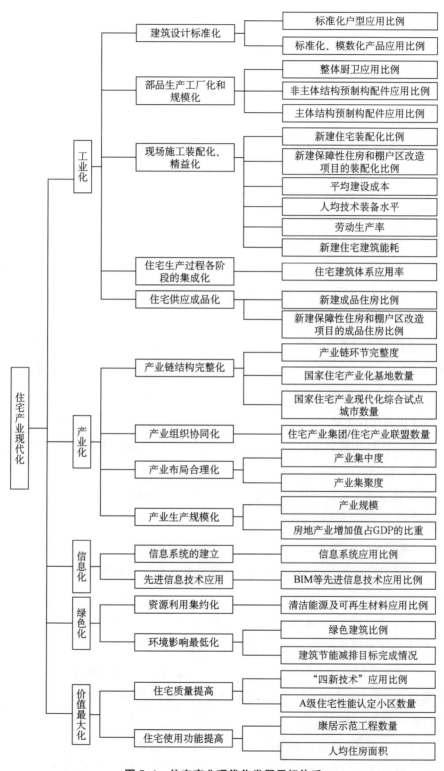

图 5-1 住宅产业现代化发展目标体系

1) 工业化

(1) 建筑设计标准化

① 标准化户型应用比例：标准化户型就是针对不同的面积、不同的需求，通过设计专家们来共同设计，从而让城市民用住房户型设计最适用、最合理、最美观、最安全。然后，像定额一样，颁布实施。开发商建设时直接执行标准，无须重复设计，无须重复论证。该指标即年新建住宅面积中标准化户型的使用面积所占比例。

② 标准化、模数化产品应用比例：模数是工业化建筑的一个基本单位尺寸，模数化即统一建筑物产品的模数，这可以简化构件与构件、构件与部品、部品与部品之间的连接关系，并可为设计组合创造更多方式。在项目设计中，一般以成品建材或重要部品的基本尺寸作为基本模数，依据使用空间的合理模数设计空间的结构尺度，如主体结构采用现浇方式，其现浇部分的尺寸亦受模数约束。该指标即年新开工住宅面积中标准化、模数化的部品部件使用面积所占比例。

(2) 部品生产工厂化和规模化

① 整体厨卫应用比例：所谓整体厨卫空间，是指提供从天花吊顶、厨卫家具（整体橱柜、浴室柜）、智能家电（浴室取暖器、换气扇、照明系统、集成灶具）等成套厨卫家居解决方案的产品概念。其特点在于：产品集成，功能集成，风格集成。该指标即在年新建住宅数量中使用整体厨卫的住宅数量所占比例。

② 非主体结构预制构配件应用比例：年新开工住宅面积中非主体结构使用预制构配件的面积所占比例。

③ 主体结构预制构配件应用比例：年新开工住宅面积中主体结构使用预制构配件的面积所占比例。

(3) 现场施工装配化、精益化

① 新建住宅装配化比例：年新开工住宅面积中使用现场装配施工的面积所占比例。

② 平均建设成本：新建住宅项目建筑安装成本平均到每平方米的成本。

③ 人均技术装备水平：即劳动者在生产过程中所平均推动的生产资料，如果把生产资料量看作是以不变价格计算的生产基金，劳动者人均技术装备水平就表现为劳动者人均资金拥有量。人均技术装备水平越高，劳动生产率越高，该地区提高人均收入的潜力就越大。

④ 劳动生产率：即劳动者生产某种产品的劳动效率。劳动生产率水平可以用单位时间内所生产的产品的数量来表示，也可以用生产单位产品所耗费的劳动时

间来表示。

⑤ 新建住宅建筑能耗（标准煤）：指建筑在建造和使用过程中，热能通过传导、对流和辐射等方式对能源的消耗。为了统一能耗计量，使用标准煤进行计量。标准煤亦称煤当量，具有统一的热值标准。

(4) 住宅生产过程各阶段的集成化

住宅建筑体系应用率：住宅建筑体系是住宅技术的系统化的核心，也是住宅工业化生产的基础和前提，住宅工业化的住宅建筑体系是以专业化的生产方式，将建筑部品加以装配集成为具有优良性能产品的建筑体系。该指标即年新建住宅面积中，使用集成化建筑体系的面积所占比例。

(5) 住宅供应成品化

新建成品住房比例：年新建住宅面积中，成品住房的面积所占比例。

2) 产业化

(1) 产业链结构完整化

① 产业链环节完整度：在一定地区范围内，住宅产业内行业的种类占住宅产业全部种类的数量比例。

② 国家住宅产业化基地数量：在一定地区范围内，国家住宅产业化基地的数量。

③ 国家住宅产业现代化综合试点城市数量：在一定地区范围内，国家住宅产业现代化综合试点城市的数量。

(2) 产业组织协同化

住宅产业集团/住宅产业联盟数量：住宅产业联盟是指科研单位、生产企业、开发企业经鼓励组成产业联盟，形成产业集团。以国家级、省级住宅产业现代化基地为基础，以大型企业为龙头，培育一批符合住宅产业现代化要求的产业关联度高、带动能力强的住宅部品部件生产企业。通过住宅产业链延伸，形成产业集群，提升住宅产业现代化水平。该指标即指在一定地区范围内住宅产业集团/联盟的数量。

(3) 产业布局合理化

① 产业集中度：产业集中度也叫市场集中度，是指市场上的某种行业内少数企业的生产量、销售量、资产总额等方面对某一行业的支配程度，它一般是用这几家企业的某一指标（大多数情况下用销售额指标）占该行业总量的百分比来表示。

② 产业集聚度：从目前的研究来看，产业集聚度的测度大都通过某一产业的区位集中程度来判定产业集群是否存在。常用到的测定产业集聚度的方法都把产

业集群一个"黑箱"同外部的经济组织进行比较,以测定产业集群的集聚程度。然而,产业集群的三个基本特征——弹性专精、竞争合作、社会根植性——是相互关联、共同发展的,集群内的经济活动是以网状的方式交织在一起的。因此,产业集聚度其实就是对产业集群内部网络系统的衡量和外部影响力的评价。它包含两方面的内容:一是产业集群内部网络系统的完善度和紧密度;二是产业集群在区位内的影响力和在产业内的影响力。

(4) 产业生产规模化

① 产业规模:广义上的产业规模是指一类产业的产出规模或经营规模,产业规模可用生产总值或产出量表示。

② 房地产业增加值占GDP的比重:房地产业对GDP增长的贡献可以用贡献率来表示。贡献率可以用于分析经济增长中各因素作用大小的程度,计算方法是:贡献率(%)=某因素贡献量(增量或增长程度)/总贡献量(总增量或增长程度)×100%,实际上是指某因素的增长量(程度)占总增长量(程度)的比重。利用房地产业每年增加值占GDP增量的比重确定房地产业对国民经济总量增长的贡献率。

3) 信息化

(1) 信息系统的建立

信息系统应用比例:在一定地区范围内,住宅产业相关企业、政府主管部门等使用信息系统的比例。

(2) 先进信息技术的应用

先进信息技术主要包括BIM技术、智能化技术、物联网技术等,该指标即在新建住宅项目中使用先进信息技术的项目所占比例。

4) 绿色化

(1) 资源利用集约化

清洁能源及可再生材料应用比例:清洁能源是不排放污染物的能源,它包括核能和"可再生能源"。可再生能源是指原材料可以再生的能源,如水力发电、风力发电、太阳能、生物能(沼气)、海潮能这些能源。而可再生材料是指原材料可以再生的材料。该指标即在新建住宅项目中使用清洁能源及可再生材料的项目所占比例。

(2) 环境影响最低化

① 绿色建筑比例:在一定地区范围内,新建住宅项目获得绿色建筑认证的项目所占比例。

② 建筑节能减排目标完成情况:各地完成《建筑业发展"十二五"规划》中节能减排目标的情况。

5) 价值最大化

(1) 住宅质量提高

① "四新技术"应用比例:在一定地区范围内,新开工住宅面积中,应用"新技术、新工艺、新材料、新设备"四新技术的面积所占比例。

② A级住宅性能认定小区数量:在一定地区范围内,获得国家A级住宅性能认定小区数量。

(2) 住宅使用功能提高

① 康居示范工程数量:在一定地区范围内,获得国家康居示范工程项目数量。

② 人均住房面积:在一定地区范围内,人均住房面积情况。

第6章
江苏省住宅产业现代化发展的主要任务

6.1 建立住宅产业现代化的支撑体系

(1) 住宅建设组织管理体系

以发展成品住房为抓手,依靠优胜劣汰的市场机制,加快促进以工业化、标准化、信息化为基础的住宅生产组织体系,形成产业内适度集中、大中小企业协调发展的格局。大型施工企业积极推行设计、施工一体化的总承包管理,促进企业向集团化、联盟化方向发展,提高综合配套能力。

(2) 住宅发展政策体系

加大政策扶持力度,加速推进住宅产业现代化发展。积极研究制定住宅建设综合监管、土地、财政、税收、价格、金融等方面的激励政策,在土地招、拍、挂文件中明确提出产业化的要求,从源头上引导房地产开发企业采用新的生产方式,对住宅产业现代化项目实施容积率奖励;在融资上给予支持鼓励,实行贴息贷款;参照传统产业转型升级的政策给予税收鼓励,对一次性装修的产业化项目,应将建筑和装修分开征税;设立专项资金,研发和确立适合本地区的节能省地型住宅产业现代化发展模式和建筑体系,建立与之相适应的结构体系和通用部品体系。积极引导社会资源在住宅建设中采用新的生产方式,鼓励传统建材企业向住宅产业现代化部品部件生产企业转型,整合产业链资源,鼓励开发、设计、部品生产、施工、物流企业和科研单位组成联合体,培育以产业化方式开发建设住宅的大型产业集团,支持企业以新的生产方式辐射和带动全国。

(3) 住宅标准体系

加强基础理论和关键技术的研究,开发、推广新材料、新技术。完善与住宅有关的标准和规范体系,建立住宅建筑与部品的模数协调制度,进行标准化、多样化与工业化相结合的住宅标准设计，努力提高住宅建设的科技含量和住房质量。

编制和完善适合我省住宅建设的配套技术标准和规范。重点建立和完善住宅建设的规划、设计、施工、竣工验收、物业管理、材料、部品的标准、规范体系。加强住宅安全、健康、卫生、环保等方面标准的研究、编制，适应住宅产业现代化的要求，特别要重视住宅"四节一环保"技术标准的编制工作。

(4) 住宅质量保证体系

建立住宅部品部件推广认证和淘汰体系。按照科学规范和公开、公正、公平的原则，定期公布经认证的"四新"产品和限制使用的淘汰落后产品，通过推广认证，提高住宅部品部件质量，促进企业技术创新。

为保证住宅的功能和环境，对住宅的能源系统，水、气、光、热等技术性能进行检测，通过定性和定量结合的方法，制定住宅技术性能评审制度，从舒适性和安全性等方面进行评审。从市场准入制度、设计审批制度、质量监督制度、质量验收制度、责任赔偿制度、质量保证与保险制度、住宅部品认定制度、住宅性能评价制度等方面，为产业化提供质量保证。加强对住宅建设中各个环节的质量监督以及加强对住宅装修的管理，大力推广住宅全装修，避免二次装修造成的破坏结构、浪费和扰民等现象。同时，配套跟进住宅装修新技术、新工艺、新材料、新部品的推广应用，推行装修的标准化、模数化、通用化，为装修的工业化生产打好基础。

鼓励、引导有条件的企业建设新型部品部件生产基地，推广应用通用部品部件，逐步形成系列开发、规模生产、配套供应的标准部品部件体系。重点推广和开发新型墙体材料、防水保温隔热材料、节能门窗、同层排水、整体厨卫等，积极采用"四节一环保"技术。

(5) 住宅产业信用体系

建立住宅产业内相关企业的信用体系，将企业的产品质量情况、履约情况、违规情况、投诉情况等重要信用信息进行及时收集更新和公布，使企业间增加了解，减少交易费用和机会成本，提高经济活动效率。帮助企业选择信用良好的合作伙伴，建立可靠的企业联盟关系。

(6) 住宅产业信息化体系

加大信息技术在住宅建设领域中的推广应用。建立围绕住宅成套技术和产品的数据库，完善住宅建设"四新技术"与产品的信息发布系统、部品部件交易信息系统,重点建立住宅产业现代化管理信息系统、住宅性能认定管理系统、优良部品材料目录管理系统、企业信用管理系统等,提高信息的及时性、准确性、实用性。完善住宅产业现代化网站建设,由住宅主管部门和统计局合作,建立住宅产业卫星账户体系,通过其与国民经济核算中心框架之间的有机关联,实现在国民核算体系之间描述住宅产业的目标,并对住宅产业现代化的工作进行整体评估和监控,为住宅产业的预测和规划提供有力的信息支持;及时对有关部门和公众公开住宅产业统计信息,提高住宅建设的评级和信用评估水平,以及性能和质量认定结果的准确度,实现健全的住宅信息统计及公报制度。

(7) 住宅建筑体系

根据江苏省地形气候条件和社会经济发展水平以及材料供应的情况,加强新型住宅建筑结构体系的开发研究,建立技术先进、符合江苏特点的住宅建筑结构体系。加快以承重结构为主线,重点解决包括围护结构、隔断、厨卫、设备、管线等所构成的体系的标准化、系列化、配套化问题,使相关环节构成的体系有利于标准化、工业化生产和机械化施工。例如采用预应力技术,推广非黏土砖砌体结构住宅建筑体系,积极开展钢结构试点等。继续推行CSI住宅建设体系,加快建筑结构体系的转型升级,以期改善品质,延长寿命,节能减排。当前我国仍在使用填充式建造住宅,内部的装饰、管线、部品与住宅结构的寿命不匹配,影响房子的寿命。CSI住宅体系能够根据家庭结构的变化,随时更改户型,内部结构也可以再次装配,具有很强的实用性,能够有效延长住宅的使用寿命。其中CSI住宅的六大工业体系分别是厨房的工业化、卫生间的工业化、精装内隔墙板的工业化、精装架空地板的工业化、制冷通风设备的工业化以及住宅结构体系的工业化。

(8) 住宅成套技术体系

积极推进和实施成套技术体系,包括建筑节能、智能化、太阳能利用、遮阳、住宅全装修、地源、空气源热泵、雨水收集、垃圾生化处理、新型供配电系统等。

① 积极开发节能降耗及新能源利用技术,大力推广清洁能源,如新型供热、制冷技术;利用并完善太阳能电池及热水供应技术,如太阳能存储与利用、各种废热利用、风能和地热应用,以及其他符合江苏特点的可再生能源的利用技术。发展新型节能产品,如节能门窗、墙体保温技术与材料、照明节能产品等。

② 对厨卫技术进行升级改造,推行整体厨卫多档次、系列化的定型设计。按照家居功能要求和人体工程学原理,建立厨房、卫生间的基本功能空间配置的整合

技术,加强对住宅厨卫功能、管网、设备的研究,提高厨卫性能,满足现代化家居生活需求。

③ 智能化技术,在试点基础上积极推进智能化住宅小区建设,加大智能化技术在住宅小区安全防范系统、信息服务系统和物业管理系统中的应用。此外,目前中国建筑大部分很封闭,目的是为了防盗,但如果发生水灾、大火、地震,就会出现逃生困难的问题。为了提高住宅产业现代化水平,在建筑设计阶段应该充分考虑建筑的防灾、避难、逃生等问题。

④ 管网技术,进一步加强对住宅管网、管线技术、标准和建设体制的研究,积极推广各种新型管线材料,妥善解决管网布设和接口问题,加大高新技术的推广应用,提高管网集约化建设水平。

(9) 住宅生产装备制造体系

住宅生产装备制造体系主要包括:构配件生产所需的模板系统、安装系统、养护系统等生产流水线,部品部件运输所需的起吊设备、保护设备,现场安装所需的吊装设备、链接设备、临时支撑系统等。要引导和激励构件生产企业和装配施工企业与这些装备的生产企业进行合作,加强住宅生产装备的研发投入和生产规模,促进住宅生产装备的机械化和自动化,使住宅生产所需的装备能够满足住宅产业现代化的发展要求。

(10) 住宅产业链企业联盟体系

企业联盟体系的成立是推进我国住宅产业现代化、促进住宅产业技术体系创新的重要措施,是党中央国务院鼓励技术创新战略联盟精神在建设领域的有效贯彻和落实。未来将从技术起步,在探索中不断成长,在创新中不断发展,突出重点,选择对提高住宅建设具有共性与前瞻性的核心技术。集中联盟企业的力量开发公关。重点突破住宅产业现代化的共性和关键性技术瓶颈。同时坚持以企业为主体、市场为导向,把联盟构建的基点放在企业共同需求基础上。此外,切实发挥产学研各方优势,建立共同投入、利益共享机制。并且联盟的发展要保持开放性,使联盟始终保持活力和生命力。

以上体系建设的内容可以分为三大类:一是以政府为主体进行;二是政府和企业共同完成;三是在政府的引导下以企业或科研机构为主体进行,如图 6-1 所示。

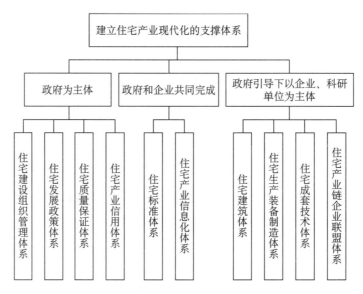

图 6-1　住宅产业现代化支撑体系分类

6.2　推行成品住房发展

以建筑设计、施工和装修一体化模式取代建筑与装修分离的传统装修模式，逐步取消毛坯房。推广整体厨卫设备，推行多档次、系列化、标准化、配套化设计，提高工业化生产与安装水平，重点推进菜单式全装修住宅建设。在保障性安居工程中先推行新建住宅基本装修。

6.3　建设国家级住宅产业现代化基地和试点示范城市

（1）住宅产业现代化基地

住宅产业是我国国民经济的重要产业，而且住宅的生产和消费对各行各业的带动效应巨大。因此，要保持住宅产业持续健康发展，必须以科技为先导，提高科技进步对住宅产业的贡献率，从根本上改变生产方式，走出一条新型工业化住宅发展道路，这也是我国住宅产业的发展目标。为此，建设部于 2006 年制定了《国家住宅产业化基地试行办法》，截至 2013 年年底，住建部已批准成立了 41 个国家住宅产业化基地，依托有实力的大型企业集团探索适宜的发展模式。培育和发展一批符合住宅产业现代化要求、产业关联度大、带动能力强的龙头企业，并发挥其优势，可提高我国住宅产业的标准化、工业化水平,促进住宅生产与建设方式的根本性转变。

(2) 住宅产业现代化试点示范城市

选择试点城市开展重点推广,总结经验后向全省扩散。要开展相关技术攻关研究:整体厨房、卫生间盒子结构的研究;可拆改、易维修轻质隔墙板的模数系列尺寸及其接口技术的研究;住宅各种配管、排管定型设计、接口技术研究。结合住宅产业现代化、低碳城市、物联网发展等契机,扶持一批高端要素集聚的平台和试点城市,提升产业综合竞争力和对区域经济发展的推动作用。积极充分发挥住宅产业现代化试点城市的引领和带动作用。

6.4 加快住宅生产方式转型升级

尽管我国住宅产业现代化有了较大发展,但目前传统的粗放式生产方式仍未实现根本性转变,住宅产业现代化水平和劳动生产率低;技术创新和集成能力弱,资源和能源投入大,环境负荷重,可再生能源在建筑中应用规模小;住宅使用寿命短,质量和性能还不能完全令人满意。应加强建筑体系及技术、部品的标准化研究,建立和完善标准化、配套化、通用化的建筑和部品体系,逐步形成标准化设计、工业化生产、机械化施工、规范化管理的新型住宅生产机制。

(1) 装配整体式住宅生产

装配整体式住宅技术是工业化住宅的主要标志之一,是推进工业化住宅的前提和基础。装配整体式住宅技术与传统施工相比其优势主要有三点:

① 建设效率提高。装配整体式住宅的主体构件实行工厂化预制生产,工厂预制构件生产受季节和天气影响较小,也不像传统施工受作业面的影响只能串联施工,可迅速提供作业面,为多专业并联施工创造条件,从而加快工程进度。整体装配式住宅施工与传统施工方法相比,可缩短工期20%以上。

② 质量更有保障。在装配整体式住宅技术体系中,构件在生产车间内按照严格的制作、养护、验收等标准化流程生产,使得各类构件的质量得到更有效的控制,质量更有保障。与传统施工相比,装配整体式住宅将人为因素对工程质量和结构安全的影响降到最低,能较好地解决开裂、渗漏等质量通病的发生。

③ 资源节约环保。工厂化生产预制构件,可以采用预应力高强钢筋及高强混凝土,在保证质量的前提下,梁板截面积减少,自重减轻,可以有效节约钢材和水

泥,减少建材生产过程中的二氧化碳排放。现场装配式施工过程几乎不产生扬尘,水泥砂浆用量也明显减少。现场作业的振动、机具运转、工地汽笛产生的噪音明显降低,施工工地和现场周边的环境可以得到有效保护。装配整体式住宅节能减排相关情况,详见表 6-1。

表 6-1 装配整体式住宅节能减排情况

项目		节能量	节能降耗率/%	备 注
建造过程	电	5.3 kW·h/m²	31	减少了浇捣、焊接、垂直运输用电
	水	0.25 t/m²	36	减少了生活用水、现场施工用水
	模板	0.006 5 t/m²	54	减少了现场木模板利用
	装修材料	每户实施全装修可节约材料 1.5 t	—	以每户 100 m² 计;避免了拆除墙体、管线等造成的浪费
使用过程	电	8.58 kW·h/(m²·a)	35	据 2005 年调研,每平方米建筑居民年空调耗能约为 13.2 kW·h。装配整体式住宅,通过空调设备和围护结构可实现节能 35%

从装配整体式住宅的既有研究成果和试点应用情况来看,在保障性住房中推广装配整体式住宅的基础和条件较为成熟。保障性住房具有建设规模大、户型面积小、户型标准化程度高等特点,易于采用装配整体式工业化生产。利用大量建设保障性住房这个时机,大力推行装配整体式住宅,不仅能够保证住房质量,提高效率,缩短工期,节能降耗,而且有利于加快住宅产业升级和促进住宅产业现代化目标的实现。

(2) 住宅工业化装修

工业化装修是指在工厂中生产住宅装修材料和部品,最后进行集成化装配的模式,它主要由菜单式设计、工厂化生产和集成化供应等三个主要部分构成。让消费者根据"菜单",依照自己的消费水平来选择产品的颜色款式等,能很好地满足业主的个性需求,而工厂化生产方式不仅摒除了现场装修施工的众多弊端,如噪声和环境污染,更能发挥"规模化"效应,节约能源和材料,尽可能降低成本,保证稳定的质量,在为家装业主带来价廉物美的装修建材产品的同时,也缩短了装修工期,让其能更快地入住装修好的新家。市场上很多建筑装修材料和部品已经实现了前两个部分的要求,如各种品牌的木地板、家具、橱柜、门和厨卫吊顶等等,都能达到菜单式设计和工厂化生产的要求,不过因为部分装修材料和部品目前仍然无法实现工业化生产,以及最关键的集成化供应方式缺乏载体,因此工业化装修模式在我国的发展依然属于初级阶段。但是,如今越来越多的人选择定制建筑材料部品,而不是由装修工人现场制作,说明该种工业化装修方式的前途广阔,符合未来的发展潮流。

工业化装修与全装修模式的区别是,工业化装修强调生产方式是大规模工厂化生产,安装方式是集成化装配;而全装修强调的主要是装修的时间顺序和主体。首先,装修时间必须在交房给业主之前;其次,装修主体是房地产开发商,由其联合装修公司、建材厂商等提前对毛坯房装修。在我国全装修住宅大部分采取的是传统现场装修方式。与现场装修模式和全装修模式比较,工业化装修模式更符合我国住宅产业现代化的目标,既能最大限度地满足人们对装修的个性需求,又具有环保节能、生产迅速、成本低廉等一系列优点。但是,我国的住宅产业现代化不会是一蹴而就的,而是要经历必要的发展过程。

(3) 住宅部品部件工业化生产

建筑工业化是住宅产业现代化发展的基础。建筑工业化要发展适应工业化生产建造方式的建筑体系,离开建筑材料的部品部件化也是难以实现的。由于受到体制的限制,相关部门之间彼此衔接得不够,建材生产部门虽然非常重视各类建材的发展以及新型建材的开发,但忽略了建筑材料的部品部件化发展。由于尚未形成建筑材料的部品部件化生产与供应,建造用材大多还是采用基本的原材料生产供应方式,致使施工现场的手工再加工作业的工作量非常之大,导致了施工效率低。工程质量也受到人为因素以及现场工作条件的限制而参差不齐。建筑材料部品部件化,就是要将由材料商生产供应基本的建筑材料和单一制品到施工现场,转化为将基本建材和制品通过在工厂的部品部件化生产再供货,使之由供应原材料(现场须再加工)向供应半成品(现场无须再加工,只是装配)转化,提高了工业化水平,推动了产业化的发展。住宅部品部件化就是最大限度地实现住宅部品部件的标准化和通用化,实现住宅部品的工业化生产、社会化协作配套供应。

为了进一步推进住宅部品部件化发展,应当注意:

① 鼓励企业进行住宅部品的开发生产

政府主管部门应加大住宅部品部件工业化生产的宣传和引导,并制定相应的鼓励扶持政策与措施,鼓励有关生产企业向这方面发展,完善自己的产品,向部件化发展,提高产品的附加值。

② 建立有利于推广应用住宅部品的机制

实行产品认证制度,市场准入是国际上通行的做法。应该在条件成熟的时机,借鉴国际通行做法建立住宅部品认证制度，通过认证制度的实施，保证生产企业的利益。对通过认证的住宅部品给予积极的推广应用。在国家的住宅示范工程、经济适用房的建设中大力推广采用住宅部品。

③ 借助商业保险措施保障住宅部品质量

对产品质量的保证采用市场机制进行，引入商业保险机制来实现质量的保证和理赔，最大限度地保护消费者的利益也是国际通行的做法。

（4）住宅产业链发展

住宅产业跨越第二、第三产业，其产业链是以商品住宅为最终商品，按照住宅的建造和使用过程，前后延伸，并辐射带动相关产业所形成的产业链条。在整个住宅产业链体系中，房地产企业、施工企业、原材料及设备与部品供应商是产业链的主要成员，供应链中的各成员通过土地获取、规划及设计、工程施工、建材生产、销售、物业管理等环节，完成住宅开发建设的整个流程。

在新的形势下，随着江苏省住宅市场的发展，产业也面临转型提升。在这一过程中，住宅产业链也随之会发生一些变革。

① 产业链将随着市场的调整而加快整合，有助于行业集中度的提升。在现行住宅链条的运行过程中，还有很多资源没有得到共享与整合，由此导致了产业链提升较慢。随着房地产产业集中度持续提高，同时住宅与金融业日益紧密结合，在此市场趋势下，为了产业的持续发展和企业的良性运转，产业链整合势在必行，表现为上下链之间与链内部的整合。

② 各环节分工将愈加明细，专业化程度将进一步提高。住宅产业链的各环节分工将愈加明细，专业化程度将得到很大提高，主要表现在产业专业化（从规划设计，到动工建设，到装修销售，都由不同的专业公司提供产品或者服务），产品专业化（更多企业在房地产某个子行业或细分市场上集中力量，确立和加强自己的细分优势），和人才专业化（从业人员的专业化）。这种分工细化的趋势既有利于专业化程度的提高，也会加速产业链的提升发展。

③ 房地产企业需要进一步培育规划设计的核心竞争能力。规划设计阶段在住宅开发建设过程中处于龙头地位，该阶段是否进行了准确定位、能否有效满足市场和顾客需求，决定了住宅产品日后的市场走势。

④ 房地产企业需要建立与大规模住宅开发模式相适应的采购体系。在规划设计环节的工作完成之后，住宅开发建设进入了施工建造环节。房地产企业并不具备全部的工程施工、建材生产能力，它需要对各专业的施工企业、各种材料设备

的生产商和经销商进行资源整合,完成产品的生产并交付给最终客户。随着住宅产业现代化的发展,原来需要现场建造的施工作业逐步实现在工厂内的制造,扩大了房地产企业物资采购的范围。同时随着房地产行业集中度的增加,出现了跨区域开发的房地产企业集团,大规模、多项目开发逐渐成为房地产市场的主流,单项目操作的房地产公司将因成本过高而逐步被市场淘汰。随着IT产业的迅猛发展,房地产企业或联盟建立基于互联网的集中采购系统将成为发展趋势。

6.5 大力扶持住宅部品、部件工业化生产企业

鼓励科研单位、生产企业、开发企业组成产业联盟,形成产业集团。以国家级、省级住宅产业现代化基地为基础,以大型企业为龙头,培育一批符合住宅产业现代化要求的产业关联度高、带动能力强的住宅部品部件生产企业。通过住宅产业链延伸,形成产业集群,提升住宅产业现代化水平。

6.6 大力推进住宅性能认定

2005年,建设部颁布了《商品住宅性能认定管理办法》《住宅性能评价方法与指标体系》等配套文件,在全国范围开始试行住宅性能认定制度,引导各地不断提高新建住宅的性能。按照国标《住宅性能评定技术标准》,研究制定《江苏省住宅性能认定管理办法》,建立住宅性能指标评定体系。实行住宅性能认定制度,将住宅性能认定等级和建筑节能信息载入住宅质量保证书和住宅使用说明书。

6.7 在保障性住房建设、棚户区改造工程、示范性工程建设中推进住宅产业现代化

保障性住房的建设及棚户区改造工程规模巨大,标准化程度高,用户的个性化需求较低,为住宅产业现代化提供了难得的市场机遇和发展空间。在我省保障性住房住宅区项目中率先实施住宅产业现代化政策,可提高住宅品质和质量,有效降低能耗,充分发挥其示范引导作用。如果能在政府主导的保障性住房建设和棚户区改造中尽快进行住宅产业现代化探索,必然会为住宅产业现代化积累宝贵的经验。

把推广示范工程作为推动住宅产业现代化发展的重要途径,进一步提高康居示范工程的效果,计划在今后几年内,每年要有 3~4 个康居示范工程项目。

6.8 推进 BIM 技术在住宅项目中的应用

随着建筑业信息技术的发展,建筑信息模型(Building Information Modeling,简称 BIM)的相关研究和应用也取得了突破性进展。BIM 是一种革命性的技术,它能够在建筑全生命周期中利用协调一致的信息,对建筑物进行分析、模拟、可视化、统计、计算等工作,从而帮助用户提高效率,降低成本,并减少对环境的影响。住宅产业现代化在国内是一个新兴的并被国家大力推广的课题。住宅产业现代化采用工业化的生产方式促进住宅生产现代化,旨在提升住宅建筑的生产手段,提高住宅建筑的品质,降低建造过程的成本,节省能源并减少排放。可见,BIM 技术与住宅产业现代化的目标在很多方面是相同的,BIM 源自建筑全生命周期管理理念,从某种意义上说发源自制造业。而产业化的住宅是最接近制造业生产方式的一种建筑产品,也非常适合采用类似制造业的方法进行管理,所以 BIM 在住宅产业现代化中的应用有天然的优势。工业化的住宅具有房型简单、模块化等特点,采用 BIM 技术可比较容易地实现模块化设计和构件的零件库,这使得 BIM 建模工作的难度降低。产业化的住宅生产方式也要求实现全产业链的、全生命周期的管理,而这种生产和管理方式又与 BIM 技术所擅长的全生命周期管理理念不谋而合。另外,在产业化住宅建造过程中也有对 BIM 技术的实际需求,如住宅设计过程中的空间优化、减少错漏碰缺、深化设计需求、施工过程的优化和仿真、项目建设中的成本控制等。总之,BIM 技术非常适合在住宅产业现代化中推广应用,而且投入的成本相对较低,应用产出的效能较高,通过 BIM 技术可以大大提高产业化住宅建设过程整体的管理水平。BIM 技术在住宅产业现代化中的应用前景十分广阔,根据进一步的应用需求,BIM 技术在住宅产业现代化中的应用还可以在 4D/5D 仿真模拟、数字化制造等方面进行拓展和研究。

6.9 建设全省住宅产业现代化管理信息系统

住宅产业信息化管理工作是以我国住宅产业发展现状为背景,其目标是在政府政策指导下,以市场机制引导住宅产业的信息化进程,逐步建立以住宅质量为保障、促进住宅产业现代化为目的的住宅产业现代化管理信息系统。

该系统建设包括住宅产业会员网体系的建立和完善、国家住宅产业数据库的开发,以及以住宅产业现代化促进中心为核心的全行业住宅产业信息化管理系统的建立,最终建成以互联网络为支撑,以国家住宅产业数据库为基础,以住宅产业信息管理中心为核心,以市场化的网络实体为实施主体的住宅产业信息系统,使住宅产业从规划设计到物业管理全过程初步实现一体化的集成。

住宅产业信息化发展的目标是以市场为导向,用先进技术改造传统住宅产业。立足国情,提高网络集成系统应用水平,促进和引导科技型住宅产业企业集团的形成,同时加强全行业的技术创新,提高企业经济效益和竞争力,以适应信息时代、知识经济的发展。住宅产业信息化目前的核心是基于商业服务的信息化普及与服务平台建设,而住宅产业的电子商务尚处在起步阶段,住宅中心正组织制定住宅产业信息化发展规划纲要,将从整体上论述住宅产业信息化的发展趋势。

而管理信息系统是实施住宅产业信息化的核心。在行业共享的国家住宅产业基础数据库的基础上,建立住宅产业现代化管理信息的基本平台,开发集成并管理维护住宅产业信息系统,建立住宅产品质量保证信息体系,包括全国各级住宅性能认定系统、住宅技术体系及其配套部品的推广淘汰体系、住宅示范小区引导建设管理系统。从住宅产业全局出发,以住宅建设的全过程为对象,以现代信息技术为手段,以信息集成为核心,采用现代生产技术和管理科学,实现生产与管理的集成,建立住宅产业现代化管理信息系统,使企业间资源共享,高效营运,推动企业信息化,增强企业的综合效益和竞争力。

以上主要任务的分类及关系如图6-2所示。

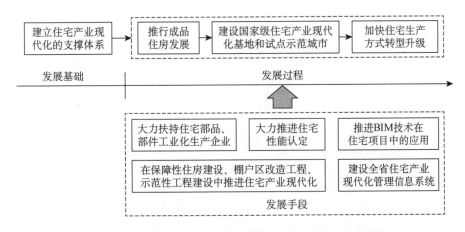

图6-2 江苏省住宅产业现代化发展主要任务的分类和关系

第7章
江苏省发展住宅产业现代化的主要措施

7.1 组织措施

推进住宅产业现代化,关键是要建立一套完善的组织实施体系,必须充分依靠和依托政府各部门以及各区(县)基层单位。

7.1.1 建立领导机制

成立领导小组,由相关处室、中心及各个地市建设主管部门分管领导组成,充分协同发挥城市规划、住房改革与发展、住房保障、法规、标准定额处、房地产市场监管、建筑市场监管、工程质量安全监管、建筑节能与科技、施工图审查等职能作用,加强主管部门与各个地市以及各个地市之间的协同合作。聘请不同领域和层面的专家学者为委员,加强相关部门分工协作,建立信息沟通和共享机制,积极调动政府、企业和社会的积极性,通力合作推进住宅产业现代化工作。

7.1.2 统筹规划,有序推进

领导小组根据江苏省的经济发展水平和住宅产业现状,制定全省住宅产业现代化发展的重大政策措施,研究解决全省住宅产业现代化发展中的突出问题,建立我省住宅产业现代化发展的长效机制。各市成立相应住宅产业现代化工作机构,建立市联动机制,建立住宅产业现代化工作考评机制。

7.1.3 加强合作

加强与全国其他省市的合作与国际合作,建立合作机制,充分学习其他省市以及国外的技术与经验,通过举办住宅产业博览会、安排相关从业考察、邀请专家及从业人员进行报告交流,扩大国内外技术交流与合作,加大政府、行业协会、企业之间的信息交流、科研合作,提高技术与管理创新能力。

7.2 引导措施

7.2.1 推进标准体系编制工作

(1) 编制物业服务标准,对物业服务事项予以细化,对服务频次、深度、结果等进行定量描述,作为测算物业收费的依据和基础。

(2) 编制住宅产业现代化相关技术标准,建立适合住宅建筑工业化发展的设计、施工、安装建造体系,制定并完善相关技术标准、规范、图集和工法,解决住宅成套技术应用中的验收困境。对现有标准体系中不适应住宅产业发展要求的、标准之间明显不协调的和相冲突的情况进行研究梳理,做到标准的立、改、废与住宅产业发展进程相适应。

(3) 编制部品标准体系,进行部品认证,建立全省住宅部品材料信息管理平台和住宅部品材料认证专家库,对住宅部品的质量、安全性、耐久性、适用性、环保性、节能性和集成性等进行综合性审查,将符合标准的部品按规定程序确定为优良部品,并列入江苏省优良住宅部品目录予以发布,以推广使用环保、节能、节材、节水的部品或材料,提高住宅部品的质量,扩大优良部品的使用覆盖面。

(4) 推广住宅性能认定。在国家住宅性能认定制度基础上制定我省住宅性能认定办法,争取在全省范围内普遍开展住宅性能认定,引导高品质住宅建设。

7.2.2 加大成品住宅推广力度

推进成品住房建设。成品住宅发展经验表明,仅仅依靠市场发育来推动成品住宅发展,周期长且作用有限。规划主管部门在审批新建商品住宅项目规划时,应审核成品住房建筑面积的占比情况;将保障性住房项目作为成品住宅的示范推广平台,在保障性住房建设中以成品住宅建设为主。

综合考虑江苏省内主要城市消费者对成品住宅的接受程度、开发商实力、影响力、带动作用等多方面影响因素,可首先在主城区加大成品住宅推进力度。一是要求在江苏省住宅产业现代化发展的第一阶段,即至2015年,苏南城市中心城区成品住宅应达到60%以上,其他地区应达到40%以上;在第二阶段,即2015年至

2020 年间，苏南城市中心城区成品住宅达到 80% 以上，其他地区应达到 60% 以上；到住宅产业现代化发展的第三阶段，即 2021 年至 2030 年，苏南城市中心城区成品住宅开发比例达到 90% 以上，其他地区达到 70% 以上。在这一过程中对成品住宅项目给予面积奖励。

7.2.3 加强土地出让管理

出让住宅建设用地时，应在地块的规划建设条件中明确成品住房开发比例和建设国家 A 级住宅的强制要求，其中苏南城市中心城区不低于 60%，苏中、苏北城市中心城区不低于 40%，对于超高层商品住宅项目要进一步增加成品住房的开发建设比例。对纳入政府年度计划的经济适用房、廉租房、公共租赁住房、棚户区改造、旧城改造等政府主导的投资项目，在供地时对成品住房、工业化住宅生产与交付比例方面应提出更高的要求。凡省内住宅产业化基地企业和实施住宅产业现代化各类示范工程的企业，在竞标取得项目土地时，在专家评标环节增加适当分值，在同等条件下优先取得项目土地。

7.2.4 营造良好的发展环境

（1）完善法制环境。抓紧制定《江苏省物业管理条例》《房地产开发企业资质管理规定》等实施细则，尽快出台《江苏省国有土地上房屋征收与补偿条例》《江苏省房地产开发经营管理条例》《江苏省住宅装饰装修管理办法》等地方性法规规章。注重在立法层面建立一套体系严谨、内容完备的住宅法律体系，提高违法违规成本，并建立执法的快速反应机制，增强法律及时、有效地回应市场，发展市场的功能，增强执法效果。

（2）加强宣传和引导。统一全省各级主管部门、产业链企业和社会各界的认识，确保各方明确未来的发展方向和重点。坚持正确的舆论导向，加大正面宣传和引导的力度，引导企业诚信经营，树立专业化的服务形象；引导住房消费者适度消费，合理消费。举办全省性的住宅产品国际博览会，对社会公众进行住宅工业化、成品化、产业化、现代化科普宣传，促进系统内、行业内交流与合作。

（3）健全信用体系。各地各部门应抓紧编制住宅产业信用体系建设规划和实施方案。要根据企业在住宅开发、建设、销售、服务等环节遵守法律法规、政策制度、行政管理的情况及合同履约情况，制定住宅产业信用评定标准。各地各部门应切实加强对企业失信行为的监管和记录，及时向社会公布企业年度信用评定结果及失信行为记录。要结合行业特点,尽快建立失信惩戒机制,对企业违反住宅产业相关法律、法规、条例、政策和措施的失信行为,通过行政、经济、法律等手段,严格惩处并曝光,提高失信成本。

7.3 激励措施

7.3.1 加大财政政策支持力度

每年通过集中配置资金,引导和鼓励行业龙头企业、创新型企业和品牌企业的发展,重点支持住宅产业现代化发展、物业服务企业发展。

实施"住宅产业现代化项目开发补助制度",对批准开发的项目提供部分研发经费。住宅开发建设中应用国家住宅产业化基地生产的住宅部品部件,开发企业可享受政府优惠贷款;预制外墙不计入总建筑面积,享受国家和省规定的绿色建筑专项资金补贴;涉及墙改基金、散装水泥基金的,依据有关规定优先返还;建设过程涉及的有关行政性规费,由各地政府研究制定减免或缓缴政策。鼓励创新型、成长型住宅部品材料研发企业在创业板等上市。对购买全装修成品住宅的,可由地方政府按户型面积给予分类补贴。

对在节能减排、安置就业、社区建设中做出突出贡献的物业服务企业,由各级人民政府给予适当奖励。对老旧住宅小区、保障性住宅小区、农民工公寓、拆迁安置小区等实施专业化物业管理或准物业管理的,当地政府应定期给予物业管理服务单位一定的资金补贴。地方财政要进一步优化支出结构,适当扩大服务业引导资金的使用范围,扶持现代物业服务业发展。

7.3.2 实行税收优惠政策

加快研究建立基于住宅产业现代化发展水平的住宅相关企业税收政策体系,对积极发展住宅产业现代化的企业实行企业所得税优惠,并鼓励和引导发展住宅产业现代化的企业取得高新技术企业资格,从而享受相应的企业所得税优惠。对发展住宅产业现代化的企业从事技术开发、转让及相关咨询、服务业务所取得的收入,依法免征营业税。

鼓励住宅开发建设单位以工业化、产业化方式建设成品住宅和国家 A 级住宅示范项目,积极应用国家住宅产业化基地生产的预制楼板、内外墙、梁柱、楼梯、窗和整体厨卫及全装修优良住宅部品部件；预制外墙不计入总建筑面积；给予享受国家和省规定的绿色建筑专项资金补贴和税收优惠；涉及墙改基金、散装水泥基金的，依据有关规定优先返还；建设过程社保费与安全措施费予以减免或缓缴；采用建筑工业化方式开发建设的企业，优先评定为高新技术企业，给予企业15%的所得税优惠政策。

7.3.3 完善金融服务，拓宽融资渠道

（1）对于长期致力于住宅产业化实践，信用度高、社会责任感强、经营模式稳定、经济效益较好的住宅产业化基地企业，各类示范工程实施企业，成品住宅、A级住宅、住宅部品材料发展示范企业等产业链上的龙头骨干企业，相关主管部门联合建立名单制管理制度，金融主管部门和金融企业将进入名单制管理的企业纳入项目融资、金融支持的绿色通道，在信贷额度、利率汇率、金融服务等方面给予切实优惠政策支持。

（2）引导金融机构建立鼓励住宅产业现代化发展的信贷管理和贷款评审制度，积极推进知识产权质押融资、产业链融资、房地产信托、资产证券化等金融产品创新，加快建立包括财政出资和社会资金投入在内的多层次担保体系，综合运用风险补偿等政策，加大金融机构支持力度。支持符合条件的住宅产业现代化企业在境内外上市，发行债务融资工具；支持符合条件的上市公司进行再融资。

（3）引导金融机构建立对消费者购买产业化住宅的按揭贷款利率优惠政策，适当增加消费者购买产业化住宅的住房公积金贷款额度。

（4）开发建设的成品住房在销售时，按项目所在城市大中小城市等级分类，每平方米分别给予一定的定额扣减后，再开具销售发票，并将扣减额列入项目开发成本。对购买新建成品住房且属于第一套住房的家庭，各金融机构应给予优先贷款，在贷款基准利率方面给予一定优惠。

7.3.4 增大科研投入，强化人才队伍

（1）增加住宅产业现代化相关的科研项目，鼓励高校等科研机构开展住宅产业现代化的理论、技术和管理的研究，鼓励企业加大研发力度，加强官产学研用的合作，促进科研成果转化为生产力。

（2）加强知识产权管理，构建全产业链的专利体系，加强知识产权的应用和保护，激励原创性技术的研究与开发，加大对创新成果的奖励力度。

(3) 加强人才队伍建设。以科研项目和工程项目为依托,培养一批行业领军人才,实施人才引进计划,鼓励企业引进专业人才。广泛开展技术培训,提高相关从业人员的职业技能。建立并实施具有行业特点的科学化、规范化、专业化的职(执)业制度,以资格管理为切入点,以执业诚信为抓手,分别在房地产开发、估价与经纪、住宅装饰装修、物业服务等领域设定若干关键职位,通过抓好职称评审、考试认证、注册登记等环节,建立准入门槛;通过抓好职位评估、继续教育、诚信档案等环节,实施动态监控,不断强化行业专业人才的准入管理和执业管理。

7.4 考核措施

7.4.1 建立住宅产业现代化综合评价指标体系

尽快建立科学有效的、切实可行的住宅产业现代化综合评价指标体系,从而客观、全面、真实地评价江苏省以及省内13个地市的住宅产业现代化综合发展状况;同时可以反映出住宅产业现代化各个不同方面的发展状况,如住宅工业化的发展水平、住宅产业产业链的发展水平、住宅产业现代化各项政策措施的落实情况等。这样既有利于把握一个地区住宅产业现代化发展的整体状况,又可通过不同的指标反映出住宅产业现代化各个方面的发展水平,从而有利于决策者了解本地区住宅产业现代化发展中的特点、优势与不足,便于地区间的比较,为相关决策和考核提供依据。

7.4.2 建立统一的指标统计标准和统计口径,加强指标的监测

对指标体系中的每一个指标建立可行的、规范的、统一的统计标准和统计口径,确保指标评价的公平、公正和公开,真实反映指标的实际状态。加强指标监测,建立专门负责指标监测工作的部门,定期根据指标体系对各地的情况进行统计和汇总,便于主管部门随时了解各地市的住宅产业现代化发展情况,加强管理督促和统筹协调。

7.4.3 将评价结果纳入地方主管部门的绩效考核

在充分考虑苏南中心城区和其他地区差异以及各地市不同发展特点的基础上,将评价结果纳入地方主管部门的绩效考核,作为衡量地区发展的重要组成部

分,对发展较好的地区予以奖励,对发展相对落后的地区予以处罚和帮助。充分调动地区主管部门的积极性,促进江苏省住宅产业现代化发展规划的落实和住宅产业现代化的快速发展。

第8章
江苏省住宅产业现代化发展提升路径

8.1 江苏省住宅产业现代化发展水平评价指标体系构建

8.1.1 构建原则

(1) 科学性原则

住宅产业现代化发展水平评价指标体系应综合各方面目标与价值的共性特点,体系的设置应具有一定的科学性,较为准确充分地反映影响因素的内涵,体现住宅产业现代化的本质。

(2) 全面性与系统性原则

影响住宅产业现代化发展水平的因素较多,且其内容与流程使得其表征因子也较复杂,在进行江苏省住宅产业现代化发展水平评价指标设计的过程中,必须全面考虑影响和表征其发展水平的因素,并采取系统设计、系统评价的原则。

(3) 定量与定性相结合原则

为使江苏省住宅产业现代化发展水平评价结果更具客观性,设计的指标应尽可能诉诸量化,采用定量评分。但由于住宅产业现代化发展水平的影响因素较多,很多软指标相对难以量化为具体性指标,单纯依靠定量指标并不能客观、科学、准确地对住宅产业现代化发展水平进行评价。基于上述原因考虑,在指标设置的过程中,需要采取定性指标与定量指标相结合的原则,在定量分析的同时,还需要借助专家的从业经验与专业判断,在保证客观的同时确保绩效评估的可操作性。

(4) 可比性原则

评价指标必须具有可比性,不仅要在不同的时间或空间范围内有可比性,而且其口径也必须一致,保证这两点才能保证评价结果的可靠性和有效性。

(5) 公正性与可操作性原则

住宅产业现代化发展水平评价指标体系的建立应能真实地体现利益相关者各方的利益诉求,因此,在设计指标、设置评分标准以及评价方法上不应有所偏向,应公正客观。

此外,设置的评价指标应充分考虑所涉及指标在实践中便于获取,统计和汇总上便于操作。各评价指标及其计算方法应标准化、规范化。对于采集难度较大的软指标,在结合问卷调查、市场调研、专家访谈等方法的同时,尽量将软指标硬化,以便于计算和对比。

8.1.2 指标体系初步构建

为构建科学、全面、系统、公正合理的指标体系,本书在 4.1 节通过大量文献综述对产业现代化及相关概念进行辨析,总结出住宅产业现代化的核心内容是住宅生产的工业化、住宅产业链的一体化以及在此基础上的住宅生产过程和产品的现代化(信息化、绿色化、价值最大化),从而从工业化、产业化、现代化三个角度进行住宅产业现代化发展水平评价体系构建。

(1) 工业化评价指标体系的建立

住宅工业化主要包括三个方面,即住宅设计标准化、构配件生产工厂化、施工机械化[67]。

住宅工业化,首先应该从设计标准化开始。标准化是在一定时期、一定条件下使标准化对象的形式、功能或其他技术特性具有一致性;在标准系统中,只有当各个局部(子系统)的功能彼此协调时,才能实现整体系统的功能最佳[68]。设计标准化是住宅工业化的组成部分之一,也是住宅工业化的前提。住宅标准化一般包括两项内容,其一是住宅设计方面的有关条例,如建筑法规、设计规范、住宅标准、定额与技术经济指标等;其二是推广标准设计,标准设计包括构配件的标准设计、房屋的标准设计和工业化建筑体系设计等。在后者中,内容主要集中在对于标准化户型和其余标准化、模数化产品的设计等,即在住宅设计中一般以成品建材或重要部品的基本尺寸作为基本模数,依据使用空间的合理模数设计空间的结构尺度,如主体结构采用现浇方式,其现浇部分的尺寸亦受模数约束[69]。

其次,住宅工业化应从结构入手,建立新型结构体系,包括钢结构体系、预制装配式结构体系,让大部分的建筑构件实行工厂化作业,减少现场施工作业。比如一些预制构配件,如阳台、空调板、楼板、楼梯、外墙板、内隔墙等都可以通过统一的工厂化制作避免在现场零星地制作。此外对于住宅必备的空间之一———厨房,自20世纪80年代起,伴随着计算机的冲击以及越来越人性化的需求,"整体厨房"的概念应运而生——主要指整体配置、整体设计、整体施工装修厨房,这是目前较为主流和领先的整体功能间,也应该纳入考虑范围。

最后,应该考虑现场施工的装配化与精益化。装配化是机械装配自动化的简称,即在机械装配过程中,基础件和装配件的传送、给料和装配作业可部分地或全部地实现半自动化或自动化。机械装配自动化的主要目的是保证产品质量及其稳定性,改善劳动条件,提高劳动生产率,降低生产成本。而现场施工的装配化和精益化即由施工队在现场将工厂化制造的部件进行房屋的组装[70]。那么就应该考虑新建住宅装配化比例,以及使用装配化、精益化的现场施工所增加的建设成本,工人在此过程中的平均劳动生产率以及现场操作所增添的平均建筑能耗。

尽管发达国家住宅工业化较为发达与成熟,最后交到消费者手上的80%以上为成品住房[71],但不可否认,随着我国住宅工业化的发展,成品住房在我国的比例将会逐渐增加,所以最终新建成品住房的比例是体现住宅工业化最直接的指标之一。

(2)产业化评价指标体系的建立

本书在进行住宅产业化概念辨析时提道:产业化是工业化的扩展,其中包括生产的连续性,而表现产业化连续性最直接的指标即产业链的完整度。作为产业链的领军龙头的当地国家住宅产业化基地的数量和其示范作用的强弱应该纳为考虑对象。此外还包括工程高度组织化。住宅产业组织是指住宅产业内企业间的市场关系和组织形态。美国的钱德勒将产业组织划分了三个阶段:19世纪前的作坊、19世纪左右的直线制(U形结构)和20世纪20年代以后的分权事业部制(M形结构)。高度组织化指使产业内企业间的市场关系和组织形态高度一致地完成某一目标[72]。但组织化程度相对抽象,这可以引用企业在产业链中的价值增值,即企业通过投入生产设备、运营资金和知识技术等沉没资本和可变资本参与到产业链中来,经过产业链中的产品流进行价值和知识交换,而把旧的生产设备折旧得到的新的价值、运营资金获得的价值增值、知识技术得到积累和创新的价值增值总额来反映其组织化程度。产业链的价值增值一般由产业链上的收益、初设投入和风险减值决定,产业链的增值公式:$V=R-I-D$,其中,V表示产业链的价值增值,R

表示产业链的收益，I 表示产业链中的初始成本，D 表示为产业链的完整性进行的风险减值[73]。

此外，江红等学者[13]在定义"产业化"时尤其强调是使具有同一属性的企业或组织集成至"社会承认的规模程度"，即产业生产的规模化。广义上的产业规模是指一类产业的产出规模或经营规模，产业规模可用生产总值或产出量表示。为了更加形象，加入房地产业增加值占 GDP 的比重这一指标以明确衡量房地产业对该地区国民经济的贡献。一般房地产业对 GDP 增长的贡献可以用贡献率来表示。贡献率可以用于分析经济增长中各因素作用大小的程度，计算公式：贡献率（％）＝某因素贡献量（增量或增长程度）/总贡献量（总增量或增长程度）×100％，实际上是指某因素的增长量（程度）占总增长量（程度）的比重[74]。

（3）现代化评价指标体系的建立

据 4.1.3 节研究，现代化主要体现在信息化、绿色化和价值最大化。其中信息化体现在贯穿住宅产业全过程，即围绕预制构件和住宅部品的生产、运输、安装、验收、维修和维护等环节，建立的全过程信息化管理系统，完成住宅全过程的追踪、定位和维护。信息系统是由计算机硬件、网络和通信设备、计算机软件、信息资源、信息用户和规章制度组成的以处理信息流为目的的人机一体化系统。

绿色化主要表现在住宅本身使用的清洁能源和可再生材料的使用情况，可以通过该地区通过康居示范工程、住宅性能认定、绿色建筑的项目个数之和来直观表现。清洁能源是不排放污染物的能源，它包括核能和"可再生能源"。可再生能源是指原材料可以再生的能源，如水力发电、风力发电、太阳能、生物能（沼气）、海潮能这些能源。而可再生材料是指原材料可以再生的材料。绿色建筑是指在建筑的全寿命周期内，最大限度地节约资源（节能、节地、节水、节材）、保护环境和减少污染，为人们提供健康、适用和高效的使用空间及与自然和谐共生的建筑[75]。

住宅产业现代化简单来说就是要用现代科学技术改善传统的住宅产业，并使之现代化的过程。通过住宅设计标准化、住宅生产工业化，以及大量新材料、新技术、新工艺、新设备的推广应用，即大量的"四新技术"的推广应用，大幅度提高住宅生产的劳动生产率和质量水平，降低生产成本，全面改善住宅的使用功能和居住环境，高速度、高质量、高效率地建设符合市场需求的现代住宅[76]。

除此之外，考量住宅价值的基本指标时，人均住房面积、物业服务小区覆盖率等都应纳入考虑范围。

(4) 住宅产业现代化发展水平评价指标体系

综上所述,初步构建的住宅产业现代化发展水平评价指标体系如下图8-1:

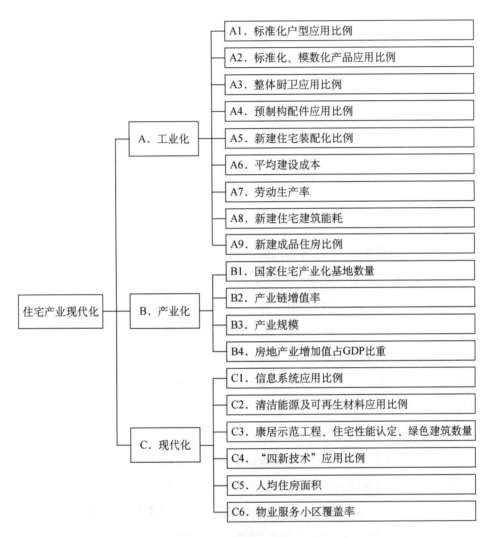

图8-1 住宅产业现代化发展水平评价指标体系

8.1.3 问卷调研

为了建立系统全面、科学合理并且可操作的指标体系,除了在上文中,以大量文献综述为基础构建初步的评价指标体系,还要在调研的基础上对指标进行筛选。本书主要参考Salant和Dillman[77]提出的调查问卷设计原则,设计江苏省住宅产业现代化评价指标体系的调查问卷;通过一轮问卷调查和对调研结果的总结分析,修正评价指标,并调整结构,最终建立住宅产业现代化发展水平评价指标体系。具体构建流程见图 8-2。

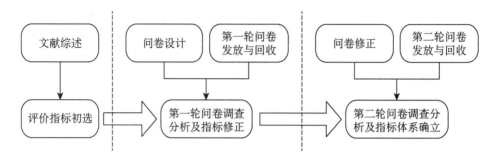

图 8-2 江苏省住宅产业现代化发展水平评价指标体系构建流程图

(1) 问卷设计

基于上述基本模型,本书将采用问卷调查的方式对江苏省住宅产业现代化发展水平评价指标体系进行检验与修正。自 2014 年 1 月至 2014 年 3 月,通过多种渠道,一共进行两轮问卷发放。第一轮问卷调查内容主要由前文文献综述归纳获得,第二轮问卷将在第一轮问卷分析反馈结果的基础上进行修正。本节将对两轮问卷的发放和回收情况进行总结和分析,并以第二轮问卷结果分析为例子详细介绍江苏省住宅产业现代化发展水平评价指标体系的检验、修正和最终确立的过程。

(2) 问卷发放与回收

自 2014 年 1 月至 2014 年 2 月,通过多种渠道进行了第一轮相对小范围的调研,共发放 35 份问卷,回收 35 份,回收率为 100%,去除部分填写不完整(超过 3 个指标没有打分)或其他一些明显不完整(连续 8 个指标的重要性打分相同或有其他的明显规律)的问卷后,最终有效问卷为 29 份,有效回收率达到 82.86%。通过对这 29 份问卷进行分析、删除指标、转移指标,并参考反馈意见增加指标,形成了第二轮问卷的内容,并于 2014 年 2 月至 2014 年 3 月进行了相对更大范围的问卷调查,以明确江苏省住宅产业现代化发展水平评价指标体系。调查对象主要是制定相关政策的政府部门、进行相关研究的高校、江苏各地区住宅用户(由于地域及交通问题,问卷发放方式主要为网络发放)。本次问卷调查共发放问卷 100 份,回收问卷 90 份,其中有效问卷为 82 份,有效回收率为 82.00%,满足问卷分析样本回收率要求。具体发放及回收情况详见表 8-1。

表 8-1 问卷发放与回收情况汇总

发放时间	发放对象	计划发放份数	回收份数	回收率/%	有效份数	有效回收率/%
第一轮 2014.1—2014.2	住建厅	15	15	100.00	11	73.33
	高校	20	20	100.00	18	90.00
	小计	35	35	100.00	29	82.86
第二轮 2014.2—2014.3	政府部门	20	18	90.00	18	90.00
	高校	20	20	100.00	19	95.00
	相关企业	30	27	90.00	23	76.67
	住宅用户	30	25	83.33	22	73.33
	小计	100	90	90.00	82	82.00
总计		135	125	92.59	111	82.22

(3) 第一轮问卷调查结果统计与分析

本轮问卷调查主要是对问卷形式及表达和问题设置是否合理进行测试，主要调查对象是对住宅产业现代化较为熟悉的住建厅住宅与房地产业促进中心以及以住宅产业现代化为研究课题的高校相关课题组，以问询和问卷相结合的方式进行调研。对回收的问卷主要进行基本资料的统计分析、描述性分析和信度分析。

第一轮问卷内容主要包括三部分：第一部分简要介绍了课题背景和问卷调查的目的，第二部分用于了解被调查对象的基本情况，第三部分对 19 个住宅产业现代化发展水平评价指标的重要度进行打分，此外还设置了"修改意见与建议"问题，用来完善评价指标体系。

本调查问卷以被调查对象认为该指标对江苏省住宅产业现代化发展水平影响程度为打分依据，采用 5 分量表制进行打分。1~5 分依次表示：非常不重要、不重要、一般重要、重要、非常重要。

本轮问卷调查于 2014 年 1 月至 2014 年 2 月进行，共发放问卷 35 份，回收问卷 35 份，其中有效问卷共 29 份。

① 被调查对象基本资料

本部分来自有效问卷中对被调查对象个人资料的统计分析，具体情况见图 8-3～图 8-6。

由图可知，第一轮问卷被调查对象选择住宅产业现代化及相关领域的高校研究人员和政府工作人员，主要考虑其对住宅产业现代化有一定研究和相关工作经验，可以保证问卷调查的科学性和合理性，其中从事住宅产业现代化相关工作或进行相关研究时间超过一年的人员比例高达 90%。

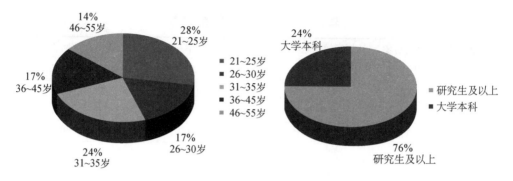

图 8-3 被调查者年龄情况　　　　图 8-4 被调查者受教育程度情况

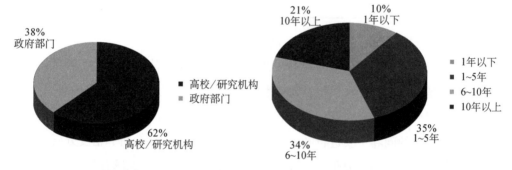

图 8-5 被调查者在住宅产业现代化　　图 8-6 被调查者从事相关工作经验情况
发展中的角色情况

② 描述性统计分析

统计分析的目的是研究观察对象总体的特点。描述性统计分析是指以分类、制表、图形以及概括性数据制表来概括数据分布特征的方法。主要考查所收集数据的均值(mean)、最小值(minimum)、最大值(maximum)和标准差(standard deviation)等。其中标准差表示一组数据关于平均数的平均离散程度,标准差越大,表明变量值之间的差异越大。此外,对各指标得分的总体描述中所有取值分布形态陡缓程度的峰度(kurtosis)和描述数据分布形态的偏度(skewness)进行分析,得出数据分布与正态分布的关系和总体取值分布的对称性(见表 8-2)。

表 8-2 第一轮问卷描述性统计分析结果

目标	观测指标	最大值	最小值	均值	标准差	偏度	峰度
工业化	A1. 标准化户型应用比例	5	2	3.86	0.915	0.311	0.707
工业化	A2. 标准化、模数化产品应用比例	5	3	4.00	0.845	0.000	1.615

续表 8-2

目标	观测指标	最大值	最小值	均值	标准差	偏度	峰度
工业化	A3. 整体厨卫应用比例	5	2	3.72	1.032	0.235	1.052
	A4. 预制构配件应用比例	5	1	3.86	1.093	0.766	0.117
	A5. 新建住宅装配化比例	5	3	4.52	0.574	0.678	0.495
	A6. 平均建设成本	5	1	3.34	0.897	0.452	0.556
	A7. 劳动生产率	5	3	4.48	0.634	0.836	0.217
	A8. 新建住宅建筑能耗	5	3	3.76	0.689	0.357	0.767
	A9. 新建成品住房比例	5	3	4.41	0.628	0.582	0.493
产业化	B1. 国家住宅产业化基地数量	5	2	3.10	0.976	0.770	0.157
	B2. 产业链增值率	5	1	2.38	1.449	0.560	1.143
	B3. 产业规模	5	3	4.10	0.724	0.161	0.985
	B4. 房地产业增加值占GDP比重	5	2	3.10	0.860	0.516	0.097
现代化	C1. 信息系统应用比例	5	2	3.34	0.936	0.066	0.810
	C2. 清洁能源及可再生材料应用比例	5	2	4.00	0.964	0.514	0.784
	C3. 康居示范工程、住宅性能认定、绿色建筑数量	5	1	2.97	0.944	0.201	0.002
	C4. "四新技术"应用比例	5	2	3.24	0.951	0.547	0.414
	C5. 人均住房面积	5	1	3.34	0.974	0.027	0.171
	C6. 物业服务小区覆盖率	4	1	2.00	0.845	0.381	0.574

说明：1～5打分代表指标重要性程度，1表示非常不重要，5表示非常重要。

从表 8-2 可以看出：

A. 从"均值"这个统计量来看，指标"C6.物业服务小区覆盖率"的均值最低，为 2.00，说明该指标重要度较低；指标"B2.产业链增值率"的均值为 2.38，也较低。其余 17 个指标的均值基本都在 3~5 分之间（其中"C3.康居示范工程、住宅性能认定、绿色建筑数量"均值接近 3），说明这 17 项指标均介于"一般重要"到"非常重要"之间。

B. 从"标准差"这个统计量来看，除了"B2.产业链增值率"的标准差 1.449 明显大于 1，"A3.整体厨卫应用比例""A4.预制构配件应用比例"两个指标的标准差稍大于 1，其他指标的标准差都小于 1，说明大部分指标得到的评价比较一致，而 B2、A3、A4 这三个指标得到的评价差异较大。在调查过程中，被调查对象普遍反映对指标"B2.产业链增值率"不了解,并在意见一栏中反映该指标目前暂时没有统一的被普遍应用的计算方式,建议删除。

C. 从"偏度"和"峰度"这两个统计量来看,偏度绝对值的最小值为 0(A2.标准化、模数化产品应用比例),最大值为 0.836(A7.劳动生产率);峰度绝对值的最小值为 0.002(C3.康居示范工程、住宅性能认定、绿色建筑数量),最大值为 1.615(A2.标准化、模数化产品应用比例)。所有指标满足"偏度绝对值小于 2,峰度绝对值小于 5"的要求,尚可认为该样本数据满足正态分布要求。

③ 信度分析

信度主要是指问卷是否精准(precision)。信度分析涉及了问卷测验结果的一致性和稳定性,其目的是控制和减少随机误差。信度分析最常用的方法是克朗巴哈系数法(Cronbach'α),这种方法适用于态度、意见式问卷的信度分析。当 Cronbach'α 系数大于 0.9 时,表示内在信度好;系数大于 0.8、小于 0.9 时,表示问卷结果可接受;当系数小于 0.8 时表示信度一般,须修订量表。Cronbach's α 不仅适用于两级记分的问卷,还适用于多级计分的问卷。本次问卷调查各个观测指标的信度分析结果如表 8-3 所示。

表 8-3　第一轮问卷信度分析表

目标	指标	校正的项总计相关性	对应指标删除后的 Cronbach'α 系数	整体量表 Cronbach'α 系数
工业化	A1. 标准化户型应用比例	0.506	0.838	0.848
	A2. 标准化、模数化产品应用比例	0.322	0.846	
	A3. 整体厨卫应用比例	0.466	0.840	
	A4. 预制构配件应用比例	0.482	0.839	
	A5. 新建住宅装配化比例	0.403	0.843	
	A6. 平均建设成本	0.673	0.831	
	A7. 劳动生产率	0.571	0.838	
	A8. 新建住宅建筑能耗	0.300	0.846	
	A9. 新建成品住房比例	0.428	0.842	
产业化	B1. 国家住宅产业化基地数量	0.552	0.836	
	B2. 产业链增值率	0.386	0.849	
	B3. 产业规模	0.540	0.838	

续表 8-3

目标	指标	校正的项总计相关性	对应指标删除后的 Cronbach'α 系数	整体量表 Cronbach'α 系数
产业化	B4. 房地产业增加值占 GDP 比重	0.481	0.839	0.848
现代化	C1. 信息系统应用比例	0.443	0.841	
	C2. 清洁能源及可再生材料应用比例	0.450	0.840	
	C3. 康居示范工程、住宅性能认定、绿色建筑数量	0.457	0.840	
	C4. "四新技术"应用比例	0.395	0.843	
	C5. 人均住房面积	0.509	0.838	
	C6. 物业服务小区覆盖率	0.168	0.852	

从表 8-3 可以看出，整体量表的 Cronbach'α 系数为 0.848，大于 0.8，说明问卷的信度尚可接受；如果删除某个指标后整体的 Cronbach'α 系数比未删除时整体的 Cronbach'α 系数高，说明该指标删除后信度可靠性提高，可以删除该变量或者考虑修改指标内容，反之亦然。"校正的项总计相关性"一项中的数值若小于 0.4，表示该题项与其余题项的相关为低度关系，该提项与其余题项所要测量的心理或潜在特质同质性不高，所以可以讨论是否删除。

其中指标"A2. 标准化、模数化产品应用比例"的校正的项总计相关性为 0.322，小于 0.4，删除该指标后的 Cronbach'α 系数降低为 0.846；指标"A8. 新建住宅建筑能耗"的校正的项总计相关性为 0.300，小于 0.4，删除该指标后的 Cronbach'α 系数降低为 0.846；指标"C4.'四新技术'应用比例"的校正的项总计相关性为 0.395，小于 0.4，删除该指标后的 Cronbach'α 系数降低为 0.843；说明删除以上指标会降低问卷的总体信度，故保留以上指标。相关性较低可能是对指标概念解释不清等原因造成，将在第二轮问卷调查中对以上指标进行标注。指标"B2. 产业链增值率"校正的项总计相关性为 0.386，小于 0.4，删除该指标后的 Cronbach'α 系数升高为 0.849；指标"C6. 物业服务小区覆盖率"的校正的项总计相关性为 0.168，小于 0.4，且删除指标后 Cronbach'α 系数上升为 0.852；说明删除这些指标有利于提高问卷总体信度，并且这两个指标在描述性分析中重要度得分较低，因此删除这两个指标。

④ 修改意见与建议总结

根据以上问卷结果统计分析，结合问卷中的建议和意见，经课题组共同讨论，对现有指标体系和问卷进行如下修改：

A. 删除"B2.产业链增值率"和"C6.物业服务小区覆盖率"；

B. 增加基础指标"A1.区域人口密度""A3.区域建筑企业数量"，将"C5.人均住房面积"作为基础指标之一，命名为"A2.区域人均住房面积"；

C. 将"B3.产业规模"改为"建筑业产业产值占GDP比重"；

D. 在"C4.'四新技术'应用比例"后加＊号，并在问卷中注释："四新技术"的应用是指新技术、新工艺、新材料、新设备的应用；

E. 考虑到数据获得的可行性，对于指标中涉及"应用比例"的，将其改为"应用情况"；

F. 考虑到"A8.新建住宅建筑能耗"直接数据来源可能相对困难，将其表述更改为"住宅建筑节能率"。

修改后的江苏省住宅产业现代化发展水平评价指标体系如图8-7所示：

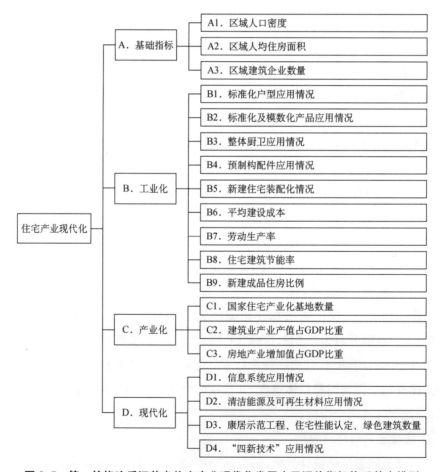

图8-7　第一轮修改后江苏省住宅产业现代化发展水平评价指标体系基本模型

(4) 第二轮问卷调查结果统计与分析

在第一轮问卷结果统计分析的基础上修订出第二轮问卷内容,同样包括三部分:第一部分介绍课题背景与问卷调查的目的,第二部分为被调查者基本情况,第三部分是 19 个住宅产业现代化发展水平评价指标重要程度评分,同时也设置了"宝贵意见"项目。下面将对第二轮问卷调查的结果进行分析处理。

① 基本情况说明

根据对第二轮问卷回收结果的统计分析,被调查者的基本情况如表 8-4～表 8-7 所示。

表 8-4 问卷填写者年龄分布情况表

年龄	21～25 岁	26～30 岁	31～35 岁	36～45 岁	46～55 岁	56 岁以上
所占比例(%)	8.54	24.39	28.05	18.29	13.41	7.32

表 8-5 问卷填写者学历情况表

学历	大专以下	大专	本科	研究生及以上
所占比例(%)	0	13.41	70.73	15.86

表 8-6 问卷填写者工作单位情况表

工作单位	公租房住户	建设单位/运营单位	设计单位	高校/研究机构	政府部门	其他
所占比例(%)	7.32	19.51	12.2	29.27	21.95	9.75

表 8-7 问卷填写者相关经验情况表

住宅产业现代化研究相关工作经验	1 年以下	1～5 年	6～10 年	10 年以上
所占比例(%)	51.22	40.24	6.10	2.44

第二轮问卷发放范围更加广泛,包括了住宅产业现代化宏观调控者、相关领域的主要研究人员、住宅产业链涉及的相关企业和住宅的使用者,相对能够全面且公平地表达住宅产业现代化发展水平的影响因素,保证问卷调查的科学性和有效性。

② 描述性统计分析

82 份有效问卷结果的描述性统计分析详见表 8-8:

表 8-8 第二轮问卷描述性统计分析表

量表	变量编号	变量名	极小值	极大值	均值	标准差	偏度	峰度
A.基础指标	A1	区域人口密度	1	5	3.26	1.028	−0.118	−0.314
	A2	区域人均住房面积	1	5	3.24	0.91	−0.005	−0.093
	A3	区域建筑企业数量	1	5	3.22	0.982	−0.298	−0.268
B.工业化	B1	标准化户型应用情况	2	5	3.84	0.793	−0.316	−0.244
	B2	标准化及模数化产品应用情况	1	5	3.77	0.947	−0.679	0.447
	B3	整体厨卫应用情况	3	5	4.43	0.703	−0.825	−0.549
	B4	预制构配件应用情况	1	5	3.67	0.969	−0.624	0.129
	B5	新建住宅装配化情况	1	5	3.55	0.877	−0.209	−0.072
	B6	平均建设成本*1	1	5	3.70	0.925	−0.498	−0.078
	B7	劳动生产率	1	5	3.22	1.031	−0.249	−0.289
	B8	住宅建筑节能率	1	5	3.20	1.059	−0.083	−0.377
	B9	新建成品住房比例	1	5	3.79	0.885	−0.452	0.131
C.产业化	C1	国家住宅产业化基地数量	1	5	3.72	1.022	−0.689	0.222
	C2	建筑业产业产值占GDP比重	1	5	3.81	0.922	−0.469	−0.072
	C3	房地产业增加值占GDP比重	2	5	3.81	0.853	−0.346	−0.416
D.现代化	D1	信息系统应用情况	1	5	3.17	1.016	−0.208	−0.281
	D2	清洁能源及可再生材料应用情况	1	5	3.57	1.089	−0.663	0.022
	D3	康居示范工程、住宅性能认定、绿色建筑数量	2	5	3.85	0.877	−0.384	−0.502
	D4	"四新技术"应用情况*2	1	5	3.71	1.071	−0.497	−0.5

*1："平均建设成本"指标由"建材价格指数"表征；*2："四新技术"指新技术、新工艺、新材料、新设备。

从表 8-8 中可以看出：

A. 以上各指标的极小值为 1 或 2 或 3，极大值都是 5，说明被调查者对各指标重要程度认识存在一定偏差，其中对指标"B3.整体厨卫应用情况"的重要程度认识相对较为一致。

B. 各指标的均值都在 3 和 5 之间,即处于一般和非常重要之间;各指标的标准差均不大,最大为 1.089(D2.清洁能源及可再生材料应用情况),说明被调查者对各指标的意见相对比较集中,没有较多地偏离平均水平。

C. 指标的偏度绝对值都小于 2,峰度的绝对值都小于 5,表明问卷数据各指标的得分呈正态分布。

③ 信度分析

运行 SPSS 对问卷进行 Cronbach' α 信度系数测量,得出的信度检验结果如表 8-9 所示。

表 8-9 第二轮问卷信度检验结果

量表	变量编号	变量名	校正的项总计相关性	对应指标删除后的 Cronbach' α 系数	整体量表 Cronbach' α 系数
A. 基础指标	A1	区域人口密度	0.505	0.928	0.929
	A2	区域人均住房面积	0.549	0.927	
	A3	区域建筑企业数量	0.614	0.925	
B. 工业化	B1	标准化户型应用情况	0.550	0.927	
	B2	标准化及模数化产品应用情况	0.643	0.925	
	B3	整体厨卫应用情况	0.641	0.925	
	B4	预制构配件应用情况	0.675	0.924	
	B5	新建住宅装配化情况	0.610	0.925	
	B6	平均建设成本	0.698	0.923	
	B7	劳动生产率	0.646	0.925	
	B8	住宅建筑节能率	0.607	0.925	
	B9	新建成品住房比例	0.619	0.926	
C. 产业化	C1	国家住宅产业化基地数量	0.582	0.926	
	C2	建筑业产业产值占 GDP 比重	0.736	0.923	
	C3	房地产业增加值占 GDP 比重	0.575	0.926	
D. 现代化	D1	信息系统应用情况	0.573	0.926	
	D2	清洁能源及可再生材料应用情况	0.620	0.925	
	D3	康居示范工程、住宅性能认定、绿色建筑数量	0.563	0.926	
	D4	"四新技术"应用情况	0.723	0.923	

由表 8-9 可以得出，问卷的整体信度系数为 0.929，表明调查问卷具有良好的信度；其次，观察校正的项总计相关性和对应指标删除后的 Cronbach' α 信度系数，发现所有指标的校正的项总计相关性均较大，均大于 0.4，表明各个指标与整个指标体系的关联性较高，且删除某个指标后问卷的信度均会有所降低，所以保留所有指标。

④ 效度分析

效度即测量结果的有效性，或某项测量活动能够测量到测量者所希望了解的特性的程度。将效度定义为：测验能够达到某种目的的程度。低效度的问卷往往无法达到测量的目的，因此对问卷的效度分析非常重要。一般侧重从实证角度分析其结构效度，检验量表是否可以真正度量所要度量的变量，一般采用因子分析来验证。

A. 观察原有变量是否适合进行因子分析

首先考察收集到的原有变量之间是否存在一定的线性关系，适合采用因子分析提取因子，这里借助巴特利特（Bartlett）球形检验和 KMO 检验方法进行分析，检验结果如表 8-10 所示。

表 8-10　调查问卷 KMO 及 Bartlett 球形检验结果

指标	KMO 样本测度	Bartlett 球形检验		
		近似卡方值	自由度	显著性概率
数值	0.889	788.677	171	0.000

由上述数据可知，巴特利特球形检验统计量的观测值为 788.677，显著性概率 P 值接近 0，小于显著性水平 0.01；问卷 KMO 值为 0.889，大于 0.6，根据 Kaiser 给出的 KMO 度量标准可知原有变量符合要求，适合进行因子分析。

B. 探索性因子分析

探索性因子分析主要是为了找出量表潜在的结构，减少题项的数目，从而形成一组数目不多但彼此之间相关较大的变量。本研究采用了主成分分析法进行公因子提取，并采用方差最大法（Varimax）进行直交旋转，为了在每个公共因素中都有一个差异较大的因素负荷量，提取特征值大于 1 的公因子，结果显示了 4 个公因子，其特征值和解释的总方差量如表 8-11 所示。

采用方差最大正交旋转处理方法对因子负荷进行旋转处理，旋转在 9 次迭代后收敛，旋转之后的成分矩阵（因子负荷大于 0.5 的用加粗字体标注）如表 8-12 所示。

表 8-11 因子解释的总方差

公因子	初始特征值			提取的平方和载入			旋转后提取的平方和载入		
	总计	方差贡献率/%	累积方差贡献率/%	总计	方差中所占比例/%	累积/%	总计	方差中所占比例/%	累积/%
1	8.461	44.531	44.531	8.461	44.531	44.531	3.508	18.464	18.464
2	1.229	6.468	50.999	1.229	6.468	50.999	2.883	15.175	33.639
3	1.205	6.340	57.339	1.205	6.340	57.339	2.847	14.985	48.624
4	1.037	5.457	62.796	1.037	5.457	62.796	2.693	14.172	62.796

表 8-12 探索性因子分析结果

变量		公因子			
变量编号	变量名称	1	2	3	4
A1	区域人口密度	**0.601**	0.255	0.073	0.120
A2	区域人均住房面积	**0.716**	0.020	0.236	0.348
A3	区域建筑企业数量	**0.536**	0.370	0.160	0.137
B1	标准化户型应用情况	0.327	**0.593**	0.072	0.204
B2	标准化及模数化产品应用情况	0.321	**0.620**	0.277	0.080
B3	整体厨卫应用情况	0.214	**0.623**	0.486	0.006
B4	预制构配件应用情况	0.080	**0.667**	0.174	0.381
B5	新建住宅装配化情况	0.226	**0.530**	0.436	0.392
B6	平均建设成本	**0.544**	0.210	0.440	0.074
B7	劳动生产率	**0.756**	0.152	0.165	0.187
B8	住宅建筑节能率	**0.687**	0.367	0.239	0.130
B9	新建成品住房比例	0.338	0.036	**0.673**	0.345
C1	国家住宅产业化基地数量	0.050	0.200	0.294	**0.764**
C2	建筑业产业产值占GDP比重	0.432	0.054	0.220	**0.634**
C3	房地产业增加值占GDP比重	0.187	0.487	−0.023	**0.577**
D1	信息系统应用情况	0.178	0.286	**0.781**	0.010
D2	清洁能源及可再生材料应用情况	0.139	0.184	**0.706**	0.407
D3	康居示范工程、住宅性能认定、绿色建筑数量	0.405	0.252	0.120	**0.679**
D4	"四新技术"应用情况	0.376	0.410	0.482	0.265

根据表 8-12,可以得出以下结论：

a. 公因子提取后的结果显示,指标维度是 4,与理论分类数一致,但是结合表 8-12,需要对各个指标进行重新分类组合。

b. A1、A2、A3、B6、B7、B8 在公因子 1 上的负荷较大,故将其也归入因子 1 中。将 A1、A2、A3、B6、B7、B8 命名为"基础指标"。

c. B1、B2、B3、B4、B5 在因子 2 上负荷较大,将其归入因子 2 中,命名为"工业化"。

d. D4 由于在任何公因子上的负荷都未超过 0.5,相对在因子 3 上的负荷最大,与 B9、D1、D2 归为"现代化"。

e. C1、C2、C3、D3 归为"产业化"。

C. 验证性因子分析

验证性因子分析可测试一个因子与相对应的测度项之间的关系是否符合所设计的理论关系,即问卷结构设置是否合理。本研究运用 SPSS,通过因子分析得到各指标的相关系数矩阵(见表 8-13)。

根据表 8-13,运用 LISREL 软件,得到验证性因子分析路径(图 8-8)及模型拟合指数(表 8-14～表 8-15)。

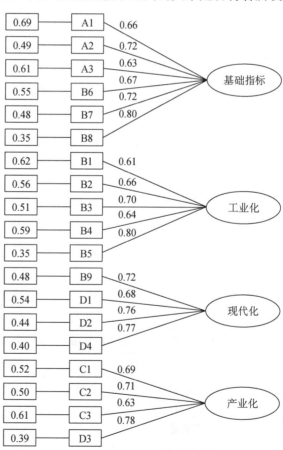

图 8-8　潜变量与观测变量间的路径图

表 8-13 江苏省住宅产业现代化发展水平评价指标相关性系数

指标	A1	A2	A3	B6	B7	B8	B1	B2	B3	B4	B5	B9	D1	D2	D4	C1	C2	C3	D3
A1	1.000																		
A2	0.368	1.000																	
A3	0.384	0.409	1.000																
B6	0.381	0.470	0.333	1.000															
B7	0.447	0.561	0.476	0.408	1.000														
B8	0.407	0.565	0.516	0.590	0.594	1.000													
B1	0.262	0.413	0.204	0.371	0.391	0.449	1.000												
B2	0.341	0.467	0.374	0.355	0.394	0.464	0.477	1.000											
B3	0.325	0.240	0.399	0.468	0.346	0.483	0.499	0.484	1.000										
B4	0.234	0.260	0.427	0.286	0.345	0.436	0.365	0.508	0.462	1.000									
B5	0.404	0.372	0.432	0.437	0.384	0.495	0.464	0.467	0.576	0.477	1.000								
B9	0.249	0.508	0.422	0.389	0.470	0.425	0.269	0.384	0.441	0.365	0.498	1.000							
D1	0.324	0.315	0.284	0.450	0.400	0.382	0.279	0.401	0.519	0.334	0.517	0.493	1.000						
D2	0.319	0.380	0.377	0.433	0.271	0.426	0.292	0.394	0.418	0.415	0.546	0.637	0.558	1.000					
D4	0.338	0.555	0.508	0.507	0.394	0.508	0.453	0.529	0.463	0.417	0.659	0.495	0.523	0.526	1.000				
C1	0.187	0.406	0.185	0.300	0.329	0.314	0.325	0.353	0.323	0.479	0.463	0.372	0.356	0.468	0.420	1.000			
C2	0.379	0.513	0.334	0.378	0.487	0.393	0.379	0.301	0.397	0.314	0.516	0.479	0.247	0.383	0.429	0.583	1.000		
C3	0.368	0.317	0.435	0.268	0.302	0.343	0.355	0.326	0.264	0.429	0.541	0.306	0.267	0.361	0.423	0.432	0.344	1.000	
D3	0.398	0.494	0.396	0.447	0.432	0.536	0.428	0.316	0.323	0.480	0.523	0.454	0.236	0.529	0.466	0.519	0.529	0.539	1.000

表 8-14 模型拟合指数（N＝124）

拟合指数	χ²/df 值	RMR 值	RMSEA 值	GFI 值	AGFI 值	NFI 值	IFI 值	CFI 值
建议值	<5	<0.05	<0.08	>0.9	>0.9	>0.9	>0.9	>0.9
测量值	1.155	0.061	0.044	0.82	0.77	0.92	0.98	0.98

表 8-15 评价目标间相关性系数

因子	基础指标	工业化	现代化	产业化
基础指标	1.00			
工业化	0.23	1.00		
现代化	0.11	0.42	1.00	
产业化	0.37	0.15	0.57	1.00
因子与其他因子相关系数平方和	0.20	0.25	0.51	0.48

根据上述拟合指数计算各因子的平均提取方差值（Average Variance Extracted，AVE），进行问卷区分效度的检验，如表 8-16 所示。

表 8-16 验证性因子分析结果及 AVE

量表	变量编号	变量名称	因子负荷	测量误差	AVE
基础指标	A1	区域人口密度	0.66	0.69	0.469
	A2	区域人均住房面积	0.72	0.49	
	A3	区域建筑企业数量	0.63	0.61	
	B6	平均建设成本	0.67	0.55	
	B7	劳动生产率	0.72	0.48	
	B8	住宅建筑节能率	0.80	0.35	
工业化	B1	标准化户型应用情况	0.61	0.62	0.473
	B2	标准化及模数化产品应用情况	0.66	0.56	
	B3	整体厨卫应用情况	0.70	0.51	
	B4	预制构配件应用情况	0.64	0.59	
	B5	新建住宅装配化情况	0.80	0.35	
现代化	B9	新建成品住房比例	0.72	0.48	0.534
	D1	信息系统应用情况	0.68	0.54	
	D2	清洁能源及可再生材料应用情况	0.76	0.44	
	D4	"四新技术"应用情况	0.77	0.40	
产业化	C1	国家住宅产业化基地数量	0.69	0.52	0.496
	C2	建筑业产业产值占 GDP 比重	0.71	0.50	
	C3	房地产业增加值占 GDP 比重	0.63	0.61	
	D3	康居示范工程、住宅性能认定、绿色建筑数量	0.78	0.39	

从表8-16可以看出,所有的拟合度指标都满足要求,说明构建的江苏省住宅产业现代化发展水平评价指标体系模型具有良好的拟合效果;同时,从表8-15和表8-16的对比可知,各量表的AVE均大于该因子与其他因子的相关系数的平方和,说明问卷具有良好的区分效度。

8.1.4 指标体系确定

(1) DPSIR模型的起源和概念

确立江苏省住宅产业现代化发展水平评价指标体系,除了在两轮问卷的基础上建立主要指标内容,还要根据第二轮问卷中探索性因子分析重新对指标框架进行可持续的分类和规划。目前已有多种可持续的指标体系框架模型。如PSR框架模型(Pressure-State-Response,即压力—状态—响应)和在PSR框架模型基础上改进修正后提出的DSR框架模型(Driving Force-State-Response,即驱动力—状态—响应),以及目前常被应用在衡量环境系统的、建立在二者之上的DPSIR模型(Driving Force-Pressure-State-Impact-Response,即驱动力—压力—现状—影响—响应)。

PSR模型最早被加拿大统计学家安东尼·弗雷德于1970年提出,1993年被OECD(Organization for Economic Co-operation and Development,经济合作与发展组织)的环境组织所使用。它的建立主要是基于人类对环境有压力作用从而改变环境的状态这样一个因果关系。PSR框架主要反映了在人与环境互相影响的关系中的线性因果关系,将影响环境的因素分为三个不同却相互影响的类型:①压力指标,即人类的行为给环境带来的影响,也是状态指标的原因,解释了状态"为什么"会发生;②状态指标,即环境质量、环境资源的数量等的现状,针对人类的行为产生了"什么样"的反应;③响应指标,即人类针对环境的反应,该"做什么"。可以看出,PSR模型试图说明人和环境的因果关系,但没有考虑到环境系统即评价对象的复杂性,不能反映人和环境之间的相互作用。PSR模型只适合一些相对简单的领域,对于有较多影响因素的评价对象,则无法全面反映。

正是由于PSR模型有这样的缺陷,1995年,联合国可持续发展委员会将其改进为DSR框架模型,将压力改进为驱动力。相对于压力,驱动力反映的是一种可持续的指标,除了能反映人类行为对环境的压力,更进一步地将人类行为的全过程变得可持续化。所以相对于PSR框架模型,DSR框架模型涵盖了社会、经济、环境三个系统的内容,指标之间的关系、指标和环境目标之间的关系更加紧密,逻辑性更强。但由于有些指标不能完全被定义为某一类指标,无法明确究竟该归为驱动力、状态还是响应指标,故该框架模型还有待改善。并且 DSR 模型同样无法表现人类社会和环境之间的相互影响。

要使这几类指标的界定更加明确,就需要区分环境的状态与变化。于是1998年,欧洲环境署在结合 PSR 模型和 DSR 模型优势并进行改良的基础上,增加了环境的变化给人类社会带来的影响,构建了 DPSIR 模型。

DPSIR 模型包括了社会、经济、环境、政策四大要素,表明了社会、经济等人类行为对环境的影响,以及环境具体的变化和所形成的状态,同时也反映了环境状态对人类社会的反馈作用。其几部分指标含义如下:

①"驱动力指标":主要指社会、经济、人口、产业等的发展,是环境变化的潜在原因。其中有关人口、经济发展等指标是典型的驱动力指标。

②"压力指标":主要指人类的行为,是改变环境的直接因素,比如用水量、污水排放量等指标是典型的压力指标。

③"状态指标":主要描述特定区域和时间内的物理、生物和化学现象的水平、数量和质量,是某区域在压力作用下的现状。如森林覆盖率、水土流失情况等是典型的状态指标。

④"影响指标":主要描述上述环境的现状会给人类经济、社会带来的影响的指标。如大气污染、水污染等是典型的影响指标。

⑤"响应指标":主要描述政府、组织、人群和个人为应对环境的各种变化和状态所采取的对策。如绿色建筑、城市绿化等是典型的响应指标。

DPSIR 模型中五类指标之间的相互作用如图 8-9 所示:

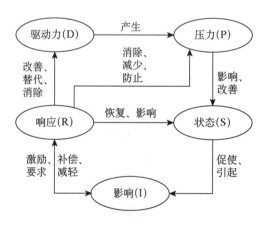

图 8-9 DPSIR 框架模型

(2) DPSIR 模型的应用

DPSIR 框架模型目前主要被应用于环境管理领域,具体集中在对生物、农业、水资源、土地规划、低碳城市、城市规划等的评价上,帮助对影响这些评价对象的因素进行归类和分析,找出其中的相互作用及因果关系,以得出综合的评价结果。目前,DPSIR 框架模型已在国内外被广泛接受和应用。

① Pacheco 等[78]将综合海岸管理周期理论(Integrated Coastal Management Cycle,即 ICMC)和 DPSIR 模型理论结合起来形成一种新型的 CMP 模式。这种新的 CMP 模式通过划分、定义当地海岸管理指标中与经济、环境相关的政策指标,研究相关利益群体之间的相互关系。这是海岸带管理(Coastal Management Progam,即 CMP)的最新的研究成果。

② Mangi 等[79]为研究肯尼亚国内捕鱼业内过度捕鱼和大量使用破坏性的渔船传动装置的现象,使用 DPSIR 模型简化分类相应评价指标,有效地简化了渔业管理过程,提供了影响捕鱼业的相关指标。

③ 朱霞和路正南[80]以江苏省为例,运用低碳经济、低碳城市等相关理论,基于 DPSIR 模型框架,构建了低碳城市发展评价指标体系,采用熵权法对指标进行赋权,并利用主成分投影法评价城市低碳发展水平,从而科学全面地评价低碳城市,准确及时地掌握城市经济运行状况和生态环境发展情况。

④ 王金涛[81]以 DPSIR 框架模型为基础,构建了土地利用规划环境影响评价指标体系,并采用综合评价法对以安徽省池州市贵池区土地利用总体规划修编为例的规划方案进行了评价。

⑤ 高波[82]对山西水资源利用现状进行了基于 DPSIR 概念模型的定性评价,选取了 19 个代表性指标,并利用层次分析法和改进熵值法构建了陕西水资源可持续利用的评价模型,依据定性、定量的评价结果,制定了陕西实现水资源可持续发展的路径和对策。

(3) 基于 DPSIR 的江苏省住宅产业现代化发展水平评价指标体系的分类

根据上文中建立的江苏省住宅产业现代化发展水平评价指标体系,以及对江苏省住宅产业现代化发展水平评价指标体系各指标系统深入的分析,结合表 8-12、表 8-16 的分析结果,以 DPSIR 为模型,考虑指标间可持续的因果关系和相互作用,对该系列指标进行潜在缘由、相关活动、状态问题、影响、响应措施等的分类,并充分考虑相关专家的建议,指标分类如下:

① 驱动力指标分析:驱动力指标主要指影响住宅产业现代化发展的主要社会

经济潜在因素。故区域人口密度(A1)、区域建筑企业数量(A3)等指标可用来描述驱动力。

② 压力指标：压力指标指直接导致住宅产业现代化发展的指标，以人类的活动和行为为主。故区域人均住房面积(A2)、平均建设成本(B6)、劳动生产率(B7)、住宅建筑节能率(B8)等指标可用来描述压力。

驱动力指标和压力指标较为相似，主要将表8-12中的公因子1相关的指标具体区分成这两类指标。

③ 状态指标分析：状态指标是住宅产业现代化发展在以上各种压力下的现实表现。标准化户型应用情况(B1)、标准化及模数化产品应用情况(B2)、整体厨卫应用情况(B3)、预制构配件应用情况(B4)、新建住宅装配化情况(B5)、新建成品住房比例(B9)、信息系统应用情况(D1)、清洁能源及可再生材料应用情况(D2)、"四新技术"应用情况(D4)等指标很好地反映了住宅产业现代化在社会经济环境和人类行为的推动下，做出了怎样具体的表现。主要从表8-12中的公因子2和3相关的指标中提取了状态指标。

④ 影响指标：影响指标主要描述住宅产业现代化发展的状态又反作用在人类社会经济上对其的影响。故建筑业产业产值占GDP比重(C2)、房地产业增加值占GDP比重(C3)等指标反映了受住宅产业现代化发展水平的影响，人类经济社会的具体反应。

⑤ 响应指标：响应指标反映了人类在面对住宅现代化的发展给自身带来的影响时，所采取的控制措施。故国家住宅产业化基地数量(C1)，康居示范工程、住宅性能认定、绿色建筑数量(D3)等指标可以反映人类对于住宅产业现代化量化的评定和控制。

影响指标和响应指标主要反映评价对象和人类社会间的相互作用，彼此密不可分，主要将表8-12中公因子4相关的指标具体区分成这两类指标。

最终确立的江苏省住宅产业现代化发展水平评价指标体系模型如图8-10所示：

本书首先制定了指标体系构建的基本原则，作为后文构建指标体系的指导性规则。通过对上文文献综述的进一步解析，构建出初步的江苏省住宅产业现代化发展水平评价指标体系。其次通过两轮问卷调查，对初步指标体系进行修正与确定，形成包括4个方向、19个指标的江苏省住宅产业现代化发展指标体系。

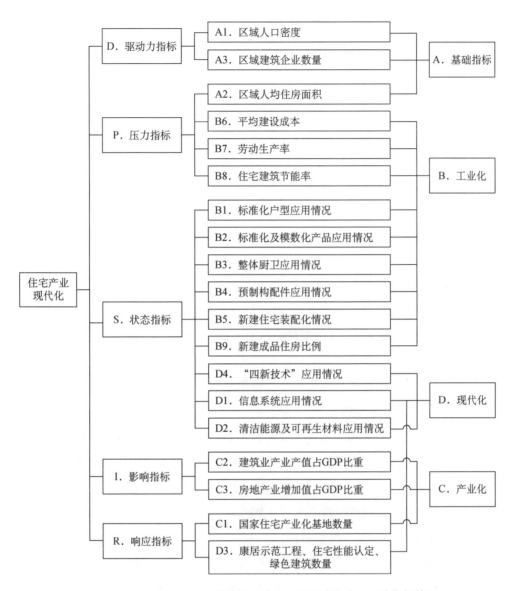

图 8-10 基于 DPSIR 的江苏省住宅产业现代化发展水平评价指标体系

在这基础上,通过对 PSR、DSR 框架模型产生和演变的研究,引出 DPSIR 结构模型,通过对其含义和应用的研究,对已有的江苏省住宅产业现代化发展水平评价指标体系的指标进行分类和排序,最终得出基于 DPSIR 模型的江苏省住宅产业现代化发展水平评价指标体系。

DPSIR 模型分析是下文中评价模型和实证分析的基础,有利于江苏省住宅产业现代化发展水平的综合评估。

8.2 江苏省住宅产业现代化发展水平评价模型

8.2.1 权重确定

建立了江苏省住宅产业现代化发展水平评价指标体系之后,必须对这些指标进行综合评判,从指标层到目标层,直至最后得出关于评价对象的一个具体综合数值。而这个过程的关键在于确定每个指标的权重。由于每个指标对评价对象的影响程度不同,并且不同的评价者对不同的指标有不同的重视程度,权重值直观表现了该指标对评价对象的贡献程度,准确地设定指标的权重对提高综合评价的可信度非常重要。

(1) 权重确定方法选择

常用的权重确定方法有很多种,根据信息来源的不同,主要分为主观赋权法、客观赋权法和组合赋权法,并逐渐从定性的主观判断向定量的客观判断方向发展。主观赋权法主要是相关领域专家根据自己的经验和知识主观上判断各个指标的权重,如层次分析法、模糊综合评价法等。该类赋权法操作简单,能直观地表达评价者的看法,但同时主观性较大,很难避免由于个人主观因素造成权属缺乏稳定性。客观赋权法是指通过来源于客观环境的原始数据,结合各指标的联系程度来决定指标的权重,如熵值法、因子分析法等。该赋权法可以相对真实地反映各个指标的情况与相互关系,具有较高的规范性。但需要大量数据作为支撑,不同数据样本获得的结果也可能大相径庭。组合赋权法则是结合主客观赋权法进行赋权的方法,目前的应用尚未成熟,仍在探索阶段。

由于本研究的指标体系涉及指标数量众多,数据来源相对有限,并且为了保证指标权重不受不同数据样本的影响,本研究选择主观赋权法进行权重的计算。目前有多种常用的主观赋权法,具体在表 8-17 中进行了比较和分析。

已确立的江苏省住宅产业现代化发展水平评价指标体系包含了定量和定性指标,并且从表 8-17 可以看出,指标相关性系数不大,故最终选择层次分析法作为本研究指标权重的确定方法。

(2) 指标体系权重的确定

20 世纪 70 年代初,美国著名学者匹兹堡大学运筹学家 T.L.Saaty 教授提出层次分析法(Analytical Hierarchy Process,即 AHP)。层次分析法是通过把复杂系

表 8-17 主观赋权方法

方法名称	方法描述	优点	缺点
1. 主观经验法	评价者凭借经验直接给指标加权	简单易操作	过于依赖个人经验,客观性差,不能客观公正地为指标赋权,且无法体现指标之间的相互关系
2. ABC 分类加权法	将指标按重要顺序依次排列,按2:6:2的比例划为三类,每类直接赋予相同的权重	简单易操作,可体现指标重要性顺序	
3. 专家调查加权法	由多位专家独立对评价指标加权,然后对每个指标取平均值,作为指标的权重系数	集合了多位专家的专业和经验,有参考价值	
4. 德尔菲加权法	对专家在加权咨询表中选择的权重系数进行统计处理,得出指标权重	科学地分析处理了专家意见	
5. 层次分析法	通过将绩效指标分成多个层次,两两比较下层指标对上层指标的相对重要性	实现了主观与客观、定性与定量的结合,能较为准确地确定指标权重	主要反映同级指标间的相互关系

统所包含的与决策紧密相关的要素分解成为目标、准则、方案等层次——一般也称为最高层、中间层、最底层,使它形成有序的递阶层次,从最低层次到高层两两比较,确定各个因素的相对重要性,得出各个因素的权重。层次分析法的基本步骤如图 8-11 所示。鉴于层次分析法的计算较为烦琐,是该方法付诸实践的瓶颈问题,不借助计算软件,很难将 AHP 模型应用于实际决策问题,因而许多研究者对 AHP、ANP 法望而生畏。近年来 Satty 等人在美国推出了超级决策(Super Deci-

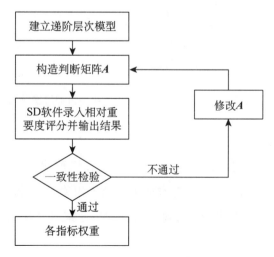

图 8-11 层次分析法分析流程

sion,下称 SD 软件),该软件基于 AHP 理论,已成功地将 AHP 法和 ANP 法的计算程序化,是计算权重强大的计算工具,为两种方法的推广奠定了基础,故本书将采用 SD 软件作为计算工具。

① 建立递阶层次模型

根据上文建立的基于 DPSIR 模型的江苏省住宅产业现代化发展水平评价指标体系,将住宅产业现代化发展水平作为目标层,驱动力、压力、状态、影响、响应作为住宅产业现代化发展水平的五个准则层;具体的 19 个指标构成指标层,且各个指标间相互独立,无内部依赖关系。图 8-12 即为在 SD 软件中建立的江苏省住宅产业现代化发展水平评价指标体系层次模型。

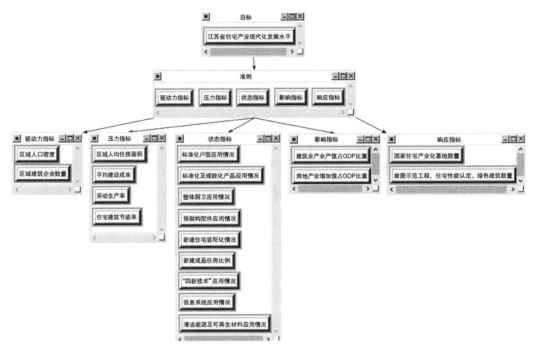

图 8-12 江苏省住宅产业现代化发展水平评价的层次分析结构图

② 构造判断矩阵计算权重

本研究根据直接优势度原则,设计了江苏省住宅产业现代化发展水平评价指标相对重要度评分表(见附录 5),并邀请来自高校相关研究领域、政府相关部门和相关企业的专家对评分表中的指标进行打分。将专家打分数据录入 SD 软件计算各指标权重。

图 8-13~图 8-14 为江苏省住宅产业现代化发展水平评价的层次分析结构图

中的准则层与以压力指标为代表的指标层各指标重要程度评分输入图。

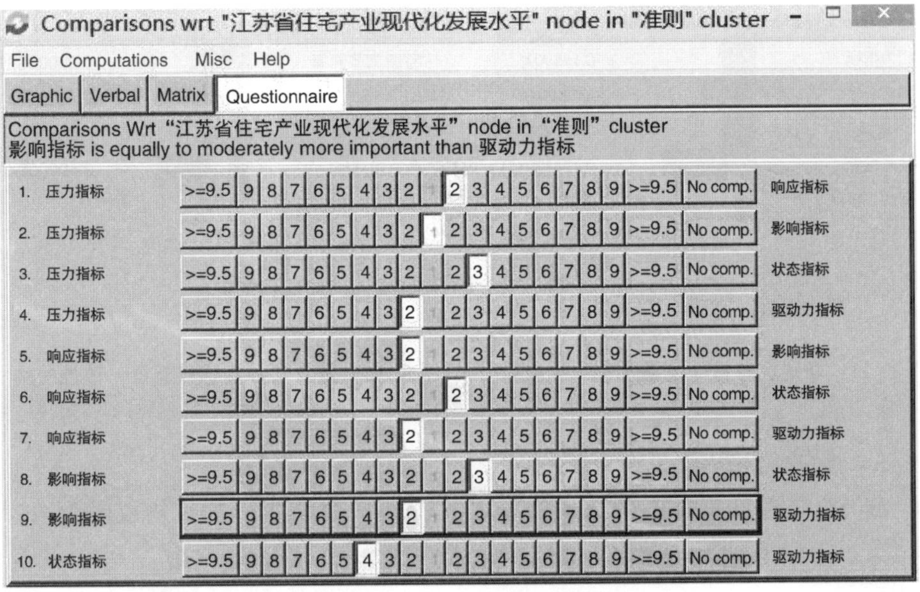

图 8-13　准则层中各目标重要度评分输入图

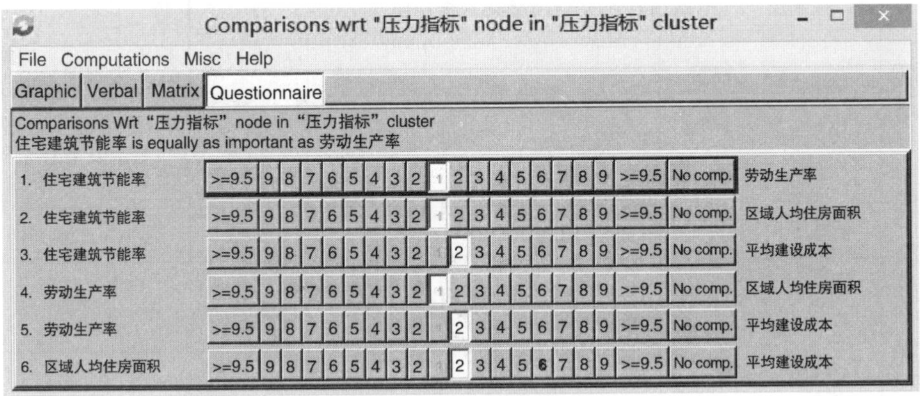

图 8-14　压力指标层各指标重要程度评分输入图

③ 一致性检验

当随机一致性比率小于 0.010 时,认为层次分析法结果的一致性可被接受,即权重的分配合理。否则需要重新修改判断矩阵。从图 8-15、图 8-16 中可以看出,准则层一致性比率为 0.013 1,压力指标层一致性比率为 0.000 0。驱动力指标层、状态指标层、影响指标层、响应指标层的一致性比率分别是 0.000 0、0.034 1、0.000 0、0.000 0,均小于 0.1,说明该判断矩阵一致性较满意,权重的分配合理。

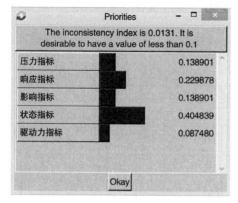

图 8-15　准则层各目标权重及一致性检验

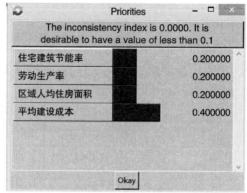

图 8-16　压力层各指标权重及一致性检验

④ 各指标权重

经 SD 软件计算输出的结果如表 8-18 所示，每个指标的最终权重为 $w_k = w_i * w_{ij}$，即由所属准则层的权重 w_i 和该指标单权重 w_{ij} 相乘所得。

表 8-18　江苏省住宅产业现代化发展水平评价指标权重及排序

评价对象	控制层		指标层			权重排序	均值	均值排序
	目标	权重 w_i	指标	单权重 w_{ij}	最终权重 $w_k = w_i * w_{ij}$			
江苏省住宅产业现代化发展水平	D. 驱动力指标	0.087 5	D1. 区域人口密度	0.500 0	0.043 8	10	3.260	14
			D2. 区域建筑企业数	0.500 0	0.043 8	11	3.220	16
	P. 压力指标	0.138 9	P1. 区域人均住房面积	0.200 0	0.027 8	16	3.240	15
			P2. 平均建设成本	0.400 0	0.055 6	7	3.700	10
			P3. 劳动生产率	0.200 0	0.027 8	17	3.220	17
			P4. 住宅建筑节能率	0.200 0	0.027 8	18	3.200	18
	S. 状态指标	0.404 8	S1. 标准化户型应用情况	0.142 5	0.057 7	5	3.840	3
			S2. 标准化及模数化产品应用情况	0.103 2	0.041 8	12	3.770	7
			S3. 整体厨卫应用情况	0.242 7	0.098 2	2	4.430	1

续表 8-18

评价对象	控制层 目标	控制层 权重 w_i	指标层 指标	指标层 单权重 w_{ij}	指标层 最终权重 $w_k = w_i * w_{ij}$	权重排序	均值	均值排序
江苏省住宅产业现代化发展水平	S. 状态指标	0.404 8	S4. 预制构配件应用情况	0.074 2	0.030 0	14	3.670	11
			S5. 新建住宅装配化情况	0.086 9	0.035 2	13	3.550	13
			S6. 新建成品住房比例	0.114 2	0.046 2	9	3.790	6
			S7. "四新技术"应用情况	0.120 4	0.048 7	8	3.710	9
			S8. 信息系统应用情况	0.047 3	0.019 1	19	3.170	19
			S9. 清洁能源及可再生材料应用情况	0.068 7	0.027 8	15	3.570	12
	I. 影响指标	0.138 9	I1. 建筑业产业产值占 GDP 比重	0.500 0	0.069 5	3	3.810	4
			I2. 房地产业增加值占 GDP 比重	0.500 0	0.069 5	4	3.810	5
	R. 响应指标	0.229 9	R1. 国家住宅产业化基地数量	0.250 0	0.057 5	6	3.720	8
			R2. 康居示范工程、住宅性能认定、绿色建筑数量	0.750 0	0.172 4	1	3.850	2

由表 8-18 可以看出,驱动力指标作为影响目标的潜在因素,权重相对偏小,所包括的两项指标也主要是反映社会经济发展水平的基础指标。压力指标和影响指标权重基本一致,作为影响住宅产业现代化发展的直接因素,压力指标权重必然大于驱动力指标,其中平均建设成本作为反映住宅产业现代化发展水平最直观的经济因素,最终权重和排名较为靠前。其余三项作为一般基础指标,最终权重和排名相对靠后。而影响指标则是与压力指标相互作用的,反映评价对象对人类社会的直接影响,故该目标权重大小与压力指标相似。其中包括的两项经济指标也能很好地反映住宅产业现代化的发展对人类社会最直接的经济影响,故权重和排名较为靠前。

而状态指标是 5 个目标中最能反映住宅产业现代化现状的指标,故其权重最大。但其涵盖的指标中包括工业化、产业化、现代化等内容,各个指标的重要程度不尽相同;如整体厨卫应用情况,根据前文分析,目前国内住宅产业现代化发展水平相对落后,作为较为普及的整体厨卫,无论是数据来源的方便性、可靠性,还是其他能反应住宅产业现代化水平的代表性都较高,故权重排名第 2。而信息系统应用情况则主要反映的是住宅产业现代化的核心之一的信息化。目前我国还处于住宅产业现代化发展的初期,信息系统应用仍处于发展阶段,其应用情况相对难以评估,故权重排名第 19。

响应指标则是人类社会针对影响指标做出的响应措施,可以很好且直观地体现住宅产业现代化发展水平的程度,故该目标权重相对较高。其中国家住宅产业化基地数量由于截至目前全国总计只有 40 个,数量过少,评价对象所拥有的个数影响力有限。而康居示范工程、住宅性能认定、绿色建筑数量的总数相对较多,可以更好地进行评分等级区分,故最终权重相对较高。

表格中还比较了每个指标最终权重的排序和第二轮问卷调查中被调查对象对各个指标打分均值排序,排序大多基本一致,有个别有一定差距,但考虑到存在权重数相等排名顺延,以及指标无论是均值还是最终权重值都很接近,故本研究采用层次分析法确定权重是科学可行的。

8.2.2 江苏省住宅产业现代化发展水平评价模型构建

根据上文建立的基于 DPSIR 模型的江苏省住宅产业现代化发展水平评价指标体系的结构特点,本书将采用加权评价法来综合评价江苏省住宅产业现代化发展水平。

线性加权评价法,是综合考虑成本因素和非成本因素的评价方法。通过找到设施选择的各种影响因素,根据各因素的重要程度确定相应的权重以后,对各因素由优到劣分成 5~1 五个等级。将每个因素中各方案的排队等级分数乘以该因素的相应权数,得到评价对象的总得分。用公式表达即 $y = \sum_{j=1}^{m}(w_j \cdot x_j)$,其中 y 代表被评价对象的综合评价的总得分,w_j 是指标 x_j 相应的权重,$\sum w_j = 1$。但由于每个评价指标各自的度量单位不同,无法进行数学计算,因此必须建立统一的标准,使之具有统一的度量标准。

一般来说,可以通过收集国内外相关领域的文献资料获取评价指标标准,相关领域文献较少的,则可以通过案例调研设立评价标准。经过大量的文献资料的收集和研究以及本课题组的共同讨论,对江苏省住宅产业现代化发展水平评价指标体系内的指标建立了统一的评分标准分级。如表 8-19 所示:

表 8-19 江苏省住宅产业现代化发展水平评价指标评分标准

目标	评价指标	指标性质	考察内容	评价标准	设置依据
D. 驱动力指标	D1. 区域人口密度	定量指标	评价对象目前总人口数量	中国内部各个省份的人均GDP与人口密度呈现的对应关系基本是正比关系,中国人口密度为142人/m² 且人口分布很不均匀,考虑到人口密度越大,住宅刚需越大,从而会潜在推动住宅产业现代化的发展: 5分——701人/km²及以上 4分——501~700人/km² 3分——301~500人/km² 2分——101~300人/km² 1分——100人/km²以下	参考《浙江省"十二五"城镇住房保障与房地产业发展规划》
	D2. 区域建筑企业数量	定量指标	评价对象目前建筑企业总数量	5分——6 001家及以上 4分——5 001~6 000家 3分——4 001~5 000家 2分——3 001~4 000家 1分——3 000家以下	
P. 压力指标	P1. 区域人均住房面积	定量指标	评价对象目前人均住宅面积	5分——31 m²及以上 4分——26~30 m² 3分——21~25 m² 2分——16~20 m² 1分——15 m²以下	参考《大连市住宅产业化"十二五"发展思路》《2012年建筑业发展统计分析》《中国统计年鉴2013》
	P2. 建材价格指数	定量指标	评价对象近年建材价格指数	评价对象建材价格指数可以在一定程度上反映该地的建设成本,以全国2012年6月建材价格指数98.9(2011年同期=100)为均值进行分级: 5分——90及以下 4分——91~95 3分——96~100 2分——101~105 1分——106及以上	
	P3. 劳动生产率	定量指标	评价对象近年平均劳动生产率	以近年全国建筑业劳动生产率约为267 860元/人为均值进行分级: 5分——27.6万元/人及以上 4分——27.1~27.5万元/人 3分——26.6~27.0万元/人 2分——26.1~26.5万元/人 1分——26.0万元/人以下	

续表 8-19

目标	评价指标	指标性质	考察内容	评价标准	设置依据
P. 压力指标	P4. 住宅建筑节能率	定量指标	评价对象近年住宅建筑节能率	5分——66%及以上 4分——56%～65% 3分——46%～55% 2分——36%～45% 1分——35%以下	参考《大连市住宅产业化"十二五"发展思路》《2012年建筑业发展统计分析》《中国统计年鉴2013》
S. 状态指标	S1. 标准化户型应用情况	定性指标	评价对象标准化户型和标准化厨卫设计的应用情况	5分——已有一些住宅项目应用标准化户型和标准化厨卫设计的; 4分——介于3～5分程度之间的; 3分——已有住宅项目应用标准化厨卫设计的; 2分——介于1～3分程度之间的; 1分——尚未开展相关工作但有实施计划的	参考《绿色建筑行动方案》《国家住宅产业现代化综合试点城市(区)发展规划》《成品住房装修技术标准》《安徽省住宅产业现代化"十二五"发展规划》
	S2. 标准化及模数化产品应用情况	定性指标	评价对象标准化及模数化产品的应用情况	5分——已有一些住宅项目应用的; 4分——介于3～5分程度之间的; 3分——已有试点示范项目应用的; 2分——介于1～3分程度之间的; 1分——尚未开展相关工作但有实施计划的	
	S3. 整体厨卫应用情况	定性指标	评价对象整体厨卫应用情况	5分——已有一些住宅项目应用的; 4分——介于3～5分程度之间的; 3分——已有试点示范项目应用的; 2分——介于1～3分程度之间的; 1分——尚未开展相关工作但有实施计划的	
	S4. 预制构配件应用情况	定性指标	评价对象预制构配件(包括阳台、空调板、楼板、楼梯、外墙板、内隔墙等)的使用情况	5分——已有一些住宅项目应用的; 4分——介于3～5分程度之间的; 3分——已有试点示范项目应用的	

续表 8-19

目标	评价指标	指标性质	考察内容	评价标准	设置依据
S. 状态指标	S4. 预制构配件应用情况	定性指标	评价对象预制构配件(包括阳台、空调板、楼板、楼梯、外墙板、内隔墙等)的使用情况	2分——介于1~3分程度之间的； 1分——尚未开展相关工作但有实施计划的	参考《绿色建筑行动方案》《国家住宅产业现代化综合试点城市(区)发展规划》《成品住房装修技术标准》《安徽省住宅产业现代化"十二五"发展规划》
	S5. 新建住宅装配化情况	定性指标	评价对象2014年新建住宅装配化情况	5分——已有一些住宅项目应用的； 4分——介于3~5分程度之间的； 3分——已有试点示范项目应用的； 2分——介于1~3分程度之间的； 1分——尚未开展相关工作但有实施计划的	
	S6. 新建成品住房比例	定量指标	评价对象目前新建住房中成品住房所占比例	5分——比例在41%及以上的； 4分——比例在31%~40%的； 3分——比例在21%~30%的； 2分——比例在11%~20%的； 1分——比例在10%以下的	
	S7. "四新技术"应用情况	定性指标	评价对象目前集保温、装饰、围护与防水一体的预制外墙等新型墙体围护结构和技术,适合预制装配式住宅的外遮阳技术,土建、装修设计施工一体化,厨卫安装一体化技术,节水技术(包括中水系统、雨水收集利用系统),智能安全防范系统、建筑材料的再生循环与利用等新材料、新设备、新工艺的推广、应用情况	5分——较多上述技术种类被熟练应用的； 4分——介于3~5分(含5分)程度之间的； 3分——部分上述技术种类被广泛应用的； 2分——介于1~3分(含3分)程度之间的； 1分——少量或没有上述技术种类被初步应用的	

续表 8-19

目标	评价指标	指标性质	考察内容	评价标准	设置依据
S. 状态指标	S8. 信息系统应用情况	定性指标	评价对象目前有无围绕预制构件和住宅部品的生产、运输、安装、验收、维修和维护等环节，建立全过程管理的信息系统，完成住宅全过程的追踪、定位和维护	5 分——有且推行情况良好的； 4 分——介于 3～5 分程度之间的； 3 分——有但执行情况一般的； 2 分——介于 1～3 分程度之间的； 1 分——有但执行情况较差的	参考《绿色建筑行动方案》《国家住宅产业现代化综合试点城市（区）发展规划》《成品住房装修技术标准》《安徽省住宅产业现代化"十二五"发展规划》
	S9. 清洁能源及可再生材料应用情况	定性指标	评价对象太阳能、地源热泵、生物质能等可再生能源利用技术的应用情况	5 分——有 41% 以上住宅项目应用的； 4 分——有 31%～40% 住宅项目应用的； 3 分——有 21%～30% 住宅项目应用的； 2 分——有 11%～20% 住宅项目应用的； 1 分——有 10% 以下住宅项目应用的	
I. 影响指标	I1. 建筑业产业产值占 GDP 比重	定量指标	评价对象近年建筑业产业产值总额占 GDP 总额的比例	5 分——7.1% 以上 4 分——6.1%～7.0% 3 分——5.1%～6.0% 2 分——4.1%～5.0% 1 分——4.0% 以下	参考《杭州市"十二五"住房保障与房地产业发展规划》《上海市住宅产业现代化发展"十五"规划纲要 2002》《中国建筑业 2012 回顾与 2013 展望》
	I2. 房地产业增加值占 GDP 比重	定量指标	评价对象近年房地产业产值增加值占 GDP 总额的比例	5 分——7.1% 及以上 4 分——6.1%～7.0% 3 分——5.1%～6.0% 2 分——4.1%～5.0% 1 分——4.0% 以下	
R. 响应指标	R1. 国家住宅产业化基地数量	定量指标	评价对象住宅产业化基地的数量	5 分——数量在 5 个以上； 4 分——数量在 3～4 个； 3 分——数量在 2 个； 2 分——数量在 1 个； 1 分——数量在 0 个	参考《国家住宅产业现代化综合试点城市（区）发展规划》
	R2. 康居示范工程、住宅性能认定、绿色建筑数量	定量指标	评价对象通过康居示范工程、住宅性能认定、绿色建筑的项目个数之和	5 分——总和在 101 个以上； 4 分——总和在 76～100 个； 3 分——总和在 51～75 个； 2 分——总和在 26～50 个； 1 分——总和在 25 个以下	

8.3 评价对象概况

8.3.1 江苏省

江苏省,简称"苏",省会南京。位于中国大陆东部沿海中心,介于东经116°18′~121°57′、北纬30°45′~35°20′之间。江苏省面积10.26万km^2,人均土地面积在全国各省区中最少。至2012年末,江苏常住人口7 920万人,居中国第5位。江苏人均GDP居中国各省首位。

江苏省住宅产业现代化发展水平评价指标体系中涉及的相关指标具体情况如下。

(1) 江苏省国家住宅产业化基地

建立国家住宅产业化基地,目的是通过依托一些有实力的大型集团型企业,解决住宅产业现代化中关于住宅建筑体系、住宅部品体系等一些关键技术,建立住宅产业现代化的生产体系,同时发挥这些基地企业的骨干带领作用,将住宅工业化生产的新技术、新部品部件向市场辐射推广。目前,国家住宅产业化基地分为大型集团企业主导型、部品部件生产企业主导型和城市政府主导型等三种类型。近年来,江苏省积极扶持具有一定开发规模和技术集成能力的集团型房地产开发企业,鼓励它们与具有一定生产规模和核心技术的大型部品部件生产企业结成产业联盟,建立国家住宅产业化基地,促进住宅质量和性能的全面提升,带动技术与部品部件的升级换代和技术创新。截至2012年年底,江苏省有7个房地产开发经营和建筑施工集团型企业被命名为"国家住宅产业化基地",分别是南京栖霞建设集团、中南建设集团、江苏新城房产股份有限公司、龙信建设集团、南京大地集团、苏州科逸住宅设备股份有限公司和南通华新建工集团,数量占全国的20%左右,处于全国领先水平(表8-20)。

随着江苏省国家住宅产业化基地数量逐渐增多,这些基地企业在住宅产业现代化发展中的示范引领作用越来越大。中南集团依据江苏省建设工程标准《预制装配整体式剪力墙结构体系技术规程》,在海门中南世纪城项目中进行了整体装配式住宅生产实践,取得了满意效果;该集团还在沈阳投资数亿元建立了住宅部品工业化生产基地,目前生产线已成功投入生产。南京大地集团引进法国技术,经过十数年的消化吸收,住宅部品预制梁、柱、叠合楼板、楼梯等已广泛应用于工程实践,市场工程应用量总计约 300 万 m^2。万科南京公司代建的上坊保障房项目应用了该公司生产的部分住宅部品,实现了多方共赢的目标,效果良好。江苏省苏州科逸住宅设备股份有限公司生产的整体卫浴部品,由于高性价比特性,在省内外保障性住房建设项目中应用得越来越多。南京栖霞建设集团代建的大型保障性住房项目幸福城,采用 BIM 技术和全寿命期项目管理信息系统技术,积极开展项目管理创新,大大提高了项目管理效率,降低了项目建造成本,并为今后物业管理服务持续发展奠定了良好的信息化基础。龙信建设集团与住建部住宅产业化促进中心共同编制的国家标准《住宅室内装饰装修工程质量验收规范》即将颁布施行,该集团已发展成为江苏省全装修住宅设计施工一体化的龙头企业。

表 8-20 江苏省国家住宅产业化基地

序号	基地名称	基地类型
1	南京栖霞建设集团	房地产开发主导型
2	中南建设集团	施工建造、部品生产和房地产开发主导型
3	江苏新城房产股份有限公司	房地产开发主导型
4	龙信建设集团	施工建造、部品生产和房地产开发主导型
5	苏州科逸住宅设备股份有限公司	部品生产主导型
6	南京大地建设集团	施工建造和部品生产主导型
7	南通华新建工集团	施工建造、部品生产和房地产开发主导型

近年来,虽然江苏省住宅产业现代化工作和省地节能环保型住宅建设取得了一定的成绩,但必须清醒认识到住宅产业现代化发展还存在不少薄弱环节。①少数地方主管部门认识有待提高,重视程度不够,或者没有把此项工作列入重要议事日程,全省住宅产业现代化工作地区发展不平衡,市场培育引导不够,部分重点城市省地节能环保型住宅建设各类试点示范项目数量与所在城市住宅开发建设规模不相称,少数城市甚至还是空白。②支持促进省地节能环保型住宅建设和住宅产业现代化发展的有关经济技术配套政策等还不完善、不配套,引导支持力度不够;横向、纵向部门间联动协调工作机制尚未形成。③住宅产业现代化关键技术体系、标准体系、行政引导推动体系等顶层设计研发不够、体系不健全,性能稳定、市场应用前景广阔且成熟的住宅部品部件发展不够等。

(2) 江苏省国家康居示范工程

国家康居示范工程是推进住宅产业现代化的重要载体,实施国家康居示范工程项目计划,是发展省地节能环保型住宅建设和节约型城乡建设的具体行动。创建实施国家康居示范工程项目,旨在全面提高示范项目的规划设计、建筑设计、产业化成套技术应用和现场施工组织管理水平,提高住宅的适用性能、经济性能、环境性能、安全性能和耐久性能,从而提高住区品质和环境质量。近年来,在国家各项发展政策的指引下,各地主管部门大力组织实施国家康居示范工程,取得了明显成效。江苏省国家康居示范工程项目数量和类型在全国均处于领先水平。到2012年年底,列入国家康居示范工程实施计划的项目有60个,覆盖建筑面积1 000多万 m^2,占全国的20%左右。至此,江苏省国家康居示范工程已覆盖普通商品住宅、农村住宅、外来务工人员公寓、保障性住房项目等。实践证明,实施国家康居示范工程项目,推动了江苏省住宅产业现代化水平的提高,发挥了较好的辐射和带动作用。

(3) 江苏省商品住宅性能认定

住宅性能认定是国际上通行的做法,目的是促进住宅建设科技进步,提高住宅功能质量,规范商品住宅市场,保障和维护商品住宅消费者的合法权益。国家已颁布实施了《住宅性能评定技术标准》(GB/T 50362—2005)。江苏省建设厅于2004年下发了《关于开展住宅性能认定试点工作的通知》,建立了住宅性能认定的工作机制,并通过有关会议、住宅产业博览会、培训班、电视报纸杂志等进行了广泛宣传。到目前为止,全省已有50个住宅项目进行了住宅性能认定,覆盖建筑面积达600万 m^2,基本实现了各省辖市的全覆盖。与此同时,结合住宅性能认定,江苏省开展了住宅质量保证保险工作,全国第一个投保住宅质量保证保险的南京云河湾小区已交付使用,开创了我国住宅质量保证保险的先河。江苏省2008年改版的住宅质量保证书、住宅使用说明书在全国率先写入了住宅性能认定等级和住宅成套技术应用等相关内容,受到了全国的广泛关注。

(4) 江苏省成品住房示范工程

2003年,江苏省下发了《江苏省新建住宅全装修试点工作实施意见》,一些有远见的开发企业积极响应,认真研究市场需求,开发建设的住宅小区不仅得到了社会的广泛认可,同时企业自身也获得了较好的经济效益。为进一步落实省政府办公厅《关于推进节约型城乡建设工作的意见》的有关要求,主管部门在大量调研、广泛征求意见的基础上,于2010年5月制定《成品住房装修技术标准》,并由江苏省住建厅颁布,自2010年6月起施行。该标准填补了国内相关标准的空白,对推进成品住房开发建设、规范住宅装修市场行为、维护成品住房消费者合法权益起到了积极的促进作用。2010年6月,江苏省住建厅制定下发《江苏省"优秀住宅示范工程"及"成品住房装修示范工程"管理办法》。2011年2月,省政府办公厅出台了《关于加快推进成品住房开发建设的实施意见》,明确规定:到2015年,江苏省苏南城市中心城区新建住房中成品住房的比例达60%以上,其他地区达40%以上,提出了较高的成品住房发展目标。2011年12月,省委省政府《关于印发全省美好城乡建设行动实施方案的通知》,明确将各市成品住房发展比例指标纳入省委省政府对各市市委市政府的考核范围。为了积极贯彻落实上述一系列发展成品住房全装修的政策措施,自2010年开始,江苏省开始大力实施"江苏省成品住房装修示范工程"和推广国家3A标准全装修住宅。2011年,省委省政府55号文下发后,成品住房发展进一步受到重视,全省成品住房发展步伐逐步加快,其节能减排的作用目前已被市场和老百姓广泛接受。据不完全统计,截止到2012年11月,江苏省630个住宅产业现代化各类示范项目中涉及成品住房示范工程的项目有90个,成品住房示范工程住宅总建筑面积约占到全部示范项目住宅总建筑面积的15%。

(5) 江苏省绿色建筑认定

绿色建筑是指在建筑全寿命周期内,最大限度地节约资源(节能、节地、节水、节材)、保护环境和减少污染,为人们提供健康、适用和高效的使用空间,与自然和谐共生的建筑。绿色建筑作为建筑行业转型发展、创新发展的标志性工作之一,对于提高资源利用效率、提高生态文明水平、改善人民生活质量、实现节能减排约束性目标、建设"资源节约型、环境友好型"社会,具有重要的现实意义和深远的战略意义。在江苏省政府一系列举措的强力推进下,江苏省绿色建筑走在了全国的前列,截止到2012年年底,江苏省共有187个项目获得绿色建筑评价标识,建筑面积2 000万 m^2,项目数占全国1/4,名列前茅,仅2012年,全省绿色建筑项目就新增95项,总面积超过1 000万 m^2,超过前四年新增绿色建筑面积总和,发展态势迅猛。此外,设立33个省级建筑节能和绿色建筑示范区,累计将建成各类绿色建筑4 000万 m^2。从2013年开始,江苏要求全省所有新建保障性住房、省级建筑节能与绿色建筑示范区中的新建项目、各类政府投资的公益性建筑全面按绿色建筑标准设计建造。自2011年以来,为促进绿色建筑的开展,江苏省围绕绿色建筑开展了一系列工作,包括发展策略研究、技术支撑、组织建设、标准体系、标识管理等。

2013年7月3日,《江苏省绿色建筑行动实施方案》正式发布。方案明确,①"十二五"期间,全省达到绿色建筑标准的项目总面积超过1亿 m^2,其中,2013年新增1 500万 m^2。②2015年,全省城镇新建建筑全面按一星及以上绿色建筑标准设计建造;2020年,全省50%的城镇新建建筑按二星及以上绿色建筑标准设计建造。③截至2015年年底,建立较完善的绿色建筑政策法规体系、行政监管体系、技术支撑体系、市场服务体系,形成具有江苏特点的绿色建筑技术路线和工作推进机制,绿色建筑发展水平保持全国领先地位。

多年来的应用实践表明:绿色建筑并非只是绿化景观效果好的建筑,也不是由各种高技术"堆积"而成的高成本建筑,而是在全寿命周期内满足节能、节水、节材、节地要求的环境友好型建筑。作为东部经济发达地区和资源匮乏地区,江苏省正处于城市化快速发展的高峰期,每年新增各类民用建筑面积超过1亿 m^2,大规模建设和资源低效率利用造成了很大的资源环境压力,因而必须在全省大力推广绿色建筑。这样不仅能缓解江苏省资源能源供应紧张的局面,同时还有利于提高建筑居住舒适度,改善人居环境,提高人民群众的幸福感。面对目前形势:一方面全省绿色建筑的需求越来越大,另一方面江苏相继涌现了一大批绿色建筑适宜技术,因而有必要系统地开展绿色建筑技术的梳理,为全省开展绿色建筑推广提供技术支撑。

为更好地对江苏省住宅产业现代化发展水平进行评价,现将相关指标详细信息罗列于表8-21。

表8-21 江苏省住宅产业现代化发展水平评价案例信息

评价对象	目标	指标	数据信息	信息来源
江苏省住宅产业现代化发展水平	D. 驱动力指标	D1. 区域人口密度	772人/km^2	《江苏统计年鉴2013》
		D2. 区域建筑企业数量	9 254个	
	P. 压力指标	P1. 区域人均住宅面积	35.2 m^2	财经频道《江苏住建厅:2012江苏人均住房面积已超小康标准》
		P2. 建材价格指数	93.4(以上年同期=100)	江苏省政务信息公开网《江苏省2012年6月各类价格指数》
		P3. 劳动生产率	262 833元/(人·a)	《江苏统计年鉴2013》
		P4. 住宅建筑节能率	江苏省到"十一五"末会严格执行国家住宅节能50%的要求	彭向峰《推进江苏省住宅产业现代化发展节能省地环保住宅》

续表 8-21

评价对象	目标	指标	数据信息	信息来源
江苏省住宅产业现代化发展水平	S. 状态指标	S1. 标准化户型应用情况	待专家评估	
		S2. 标准化及模数化产品应用情况	待专家评估	
		S3. 整体厨卫应用情况	待专家评估	
		S4. 预制构配件应用情况	待专家评估	
		S5. 新建住宅装配化情况	待专家评估	
		S6. 新建成品住房比例	40%	江苏省《关于加快推进成品住房开发建设的实施意见》
		S7. "四新技术"应用情况	待专家评估	
		S8. 信息系统应用情况	待专家评估	
		S9. 清洁能源及可再生材料应用情况	待专家评估	
	I. 影响指标	I1. 建筑业产业产值占 GDP 比重	2012 年全省共完成建筑业总产值 19 173.35 亿元,约占全省 GDP 总量的 35.5%	《2012 年江苏建筑业发展报告》
		I2. 房地产业增加值占 GDP 比重	2012 年房地产业增加值 3 219.98 亿元,约占全省 GDP 总量的 6.2%	
	R. 响应指标	R1. 国家住宅产业化基地数量	7	根据《国家住宅产业化基地试行办法》(建住房〔2006〕150 号)文件,至今全国先后批准建立的 40 个国家住宅产业化基地名单
		R2. 康居示范工程、住宅性能认定、绿色建筑数量	截止到 2012 年年底,全省共 50 个项目通过住宅性能认定,60 个项目为康居示范工程,39 个项目具有绿色建筑标识,合计数量 149 个	中国江苏网《江苏绿色建筑数量位居全国第一》《江苏住宅产业的发展和思考》、新浪地产《2013 年绿色建筑评价标识项目数量分析》

8.3.2 浙江省

作为对比分析，现选取地理位置与经济水平相似的浙江省进行评价，具体案例信息参见表8-22。

表8-22 浙江省住宅产业现代化发展水平评价案例信息

评价对象	目标	指标	数据信息	信息来源
浙江省住宅产业现代化发展水平	D.驱动力指标	D1.区域人口密度	538 人/km²	《浙江统计年鉴2013》
		D2.区域建筑企业数量	5 430 个	《浙江建筑业发展与国内建筑业强省的比较分析》
	P.压力指标	P1.区域人均住宅面积	36.9 m²	浙江新闻网《浙江省城镇居民人均住房建筑面积达36.9 m²》
		P2.建材价格指数	124(以上年2011年同期=100)	钢联资讯网
		P3.劳动生产率	321 032 元/人	《浙江统计年鉴2013》
		P4.住宅建筑节能率	50%	浙江省《居住建筑节能设计标准》(强制性条文)
	S.状态指标	S1.标准化户型应用情况	待专家评估	
		S2.标准化及模数化产品应用情况	待专家评估	
		S3.整体厨卫应用情况	待专家评估	
		S4.预制构配件应用情况	待专家评估	
		S5.新建住宅装配化情况	待专家评估	
		S6.新建成品住房比例	20%	新浪浙江《杭州在建在售商品房项目成品住房比例已达20%》
		S7."四新技术"应用情况	待专家评估	
		S8.信息系统应用情况	待专家评估	
		S9.清洁能源及可再生材料应用情况	待专家评估	
	I.影响指标	I1.建筑业产业产值占GDP比重	50.1%	浙江即时报《2012年浙江建筑业总产值首次突破两万亿创历史新高》
		I2.房地产业增加值占GDP比重	6%	浙江日报《建筑业产值可望增两成》

续表 8-22

评价对象	目标	指标	数据信息	信息来源
浙江省住宅产业现代化发展水平	R. 响应指标	R1.国家住宅产业化基地数量	3	根据《国家住宅产业化基地试行办法》（建住房〔2006〕150号）文件，至今全国先后批准建立的40个国家住宅产业化基地名单
		R2.康居示范工程、住宅性能认定、绿色建筑数量	截至2012年年底，已有18个住宅小区列入国家康居示范工程，23个住宅小区通过国家A级住宅性能认定，14个项目具有绿色建筑标识，合计55个	《浙江省"十二五"城镇住房保障与房地产业发展规划》、新浪地产《2013年绿色建筑评价标识项目数量分析》

8.4 评价过程及结果

8.4.1 评价过程及结果

根据上文收集的评价对象各指标因素的情况，邀请了来自本领域的研究人员、江苏省住建厅相关部门的政府人员和企业人员等专家为定性指标打分，评分详见表8-23及表8-24。最终评价结果详见表8-25及表8-26。

表8-23 江苏省打分情况表

打分对象	目标	指标	指标得分				
			专家1	专家2	专家3	专家4	专家5
江苏省住宅产业现代化发展水平	D. 驱动力指标	D1. 区域人口密度	（定量指标）5分				
		D2. 区域建筑企业数量	（定量指标）5分				
	P. 压力指标	P1. 区域人均住宅面积	（定量指标）5分				
		P2. 建材价格指数	（定量指标）4分				
		P3. 劳动生产率	（定量指标）2分				
		P4. 住宅建筑节能率	（定量指标）3分				
	S. 状态指标	S1. 标准化户型应用情况	4分	3分	4分	3分	4分
		S2. 标准化及模数化产品应用情况	4分	3分	3分	3分	3分
		S3. 整体厨卫应用情况	4分	4分	4分	4分	4分

续表 8-23

打分对象	目标	指标	指标得分				
			专家1	专家2	专家3	专家4	专家5
江苏省住宅产业现代化发展水平	S. 状态指标	S4. 预制构配件应用情况	3分	3分	4分	3分	3分
		S5. 新建住宅装配化情况	3分	3分	3分	3分	3分
		S6. 新建成品住房比例	(定量指标)5分				
		S7. "四新技术"应用情况	3分	3分	3分	3分	4分
		S8. 信息系统应用情况	2分	2分	3分	2分	3分
		S9. 清洁能源及可再生材料应用情况	2分	2分	3分	2分	2分
	I. 影响指标	I1. 建筑业产业产值占GDP比重	(定量指标)5分				
		I2. 房地产业增加值占GDP比重	(定量指标)4分				
	R. 响应指标	R1. 国家住宅产业化基地数量	(定量指标)5分				
		R2. 康居示范工程、住宅性能认定、绿色建筑数量	(定量指标)5分				

表 8-24 浙江省打分情况表

打分对象	目标	指标	指标得分				
			专家1	专家2	专家3	专家4	专家5
浙江省住宅产业现代化发展水平	D. 驱动力指标	D1. 区域人口密度	(定量指标)4分				
		D2. 区域建筑企业数量	(定量指标)4分				
	P. 压力指标	P1. 区域人均住宅面积	(定量指标)5分				
		P2. 建材价格指数	(定量指标)1分				
		P3. 劳动生产率	(定量指标)5分				
		P4. 住宅建筑节能率	(定量指标)3分				
	S. 状态指标	S1. 标准化户型应用情况	3分	3分	3分	3分	4分
		S2. 标准化及模数化产品应用情况	3分	3分	4分	3分	3分
		S3. 整体厨卫应用情况	4分	4分	4分	4分	4分
		S4. 预制构配件应用情况	3分	3分	3分	3分	3分
		S5. 新建住宅装配化情况	3分	3分	3分	3分	3分
		S6. 新建成品住房比例	(定量指标)3分				
		S7. "四新技术"应用情况	3分	3分	3分	3分	3分
		S8. 信息系统应用情况	2分	2分	2分	2分	3分

续表 8-24

打分对象	目标	指标	指标得分				
			专家1	专家2	专家3	专家4	专家5
浙江省住宅产业现代化发展水平	S. 状态指标	S9. 清洁能源及可再生材料应用情况	2分	2分	2分	2分	2分
	I. 影响指标	I1. 建筑业产业产值占GDP比重	(定量指标)5分				
		I2. 房地产业增加值占GDP比重	(定量指标)4分				
	R. 响应指标	R1. 国家住宅产业化基地数量	(定量指标)4分				
		R2. 康居示范工程、住宅性能认定、绿色建筑数量	(定量指标)3分				

表 8-25　江苏省住宅产业现代化发展水平指标评分

评价对象	目标	指标	评分均值 P_{ij}	单权重 w_{ij}	目标得分 $P_i = \Sigma(w_{ij} \times P_{ij})$	目标权重 w_i	评分 $P = \Sigma(w_i \times P_i)$
江苏省住宅产业现代化发展水平	D	D1	5	0.5000	5.0000	0.0875	4.1507
		D2	5	0.5000			
	P	P1	5	0.2000	3.6000	0.1389	
		P2	4	0.4000			
		P3	2	0.2000			
		P4	3	0.2000			
	S	S1	3.6	0.1425	3.5538	0.4048	
		S2	3.4	0.1032			
		S3	4	0.2427			
		S4	3.2	0.0742			
		S5	3	0.0869			
		S6	5	0.1142			
		S7	3.2	0.1204			
		S8	2.4	0.0473			
		S9	2.2	0.0687			
	I	I1	5	0.5000	4.5000	0.1389	
		I2	4	0.5000			
	R	R1	5	0.2500	5.0000	0.2299	
		R2	5	0.7500			

表 8-26 浙江省住宅产业现代化发展水平指标评分

评价对象	目标	指标	评分均值 P_{ij}	单权重 w_{ij}	目标得分 $P_i = \Sigma(w_{ij} \times P_{ij})$	目标权重 w_i	评分 $P = \Sigma(w_i \times P_i)$
浙江省住宅产业现代化发展水平	D	D1	4	0.500 0	4.000 0	0.087 5	3.428 4
		D2	4	0.500 0			
	P	P1	5	0.200 0	3.000 0	0.138 9	
		P2	1	0.400 0			
		P3	5	0.200 0			
		P4	3	0.200 0			
	S	S1	3.2	0.142 5	3.185 6	0.404 8	
		S2	3.2	0.103 2			
		S3	4	0.242 7			
		S4	3	0.074 2			
		S5	3	0.086 9			
		S6	3	0.114 2			
		S7	3	0.120 4			
		S8	2.2	0.047 3			
		S9	2	0.068 7			
	I	I1	5	0.500 0	4.500 0	0.138 9	
		I2	4	0.500 0			
	R	R1	4	0.250 0	3.250 0	0.229 9	
		R2	3	0.750 0			

8.4.2 评价结果分析

江苏省 2012 年住宅产业现代化发展水平评价最终得分为 4.150 7 分。该得分说明：

(1) 从总得分可以看出，2012 年，江苏省住宅产业现代化的发展水平总体较高，符合第 3 章所分析的江苏省住宅产业现代化发展现状。

(2) 压力指标和状态指标目标得分低于最终评分，可见直接影响住宅产业现代化发展水平的几项指标情况不佳，导致住宅产业现代化发展水平状态指标评分不高。其中压力指标中，建材价格指数得分为 4 分，可见江苏省建材价格在全国建材价格范围里属于中等偏下,但价格仍不低,导致江苏省平均建设成本相对不低,还有通过发展住宅工业化降低的空间。得分相对偏低的指标有劳动生产率和住宅建筑节能率。劳动生产率与全国平均水平比相对较低,尽管江苏是建筑大省,从业人数高达626.04万人,居全国首位,从业人员年均劳动报酬46 219.54元/人,高于全省人均劳动收入,但劳动生产率仍有待提高。而住宅建筑节能率尽管目前在全国省市中水平较高,但离国家"65％节能率"的目标还有一定距离。

(3)驱动力指标、影响指标和响应指标的目标得分均高于最终评分,可见江苏省本身的地理面积、人口、建筑企业数等社会经济指标均处于全国领先水平,为省住宅产业现代化发展提供了良好的基础。而住宅产业现代化的发展给人类经济社会带来的反馈也比较乐观。同时,江苏省在全国范围内各项针对住宅产业现代化发展水平认定的指标也处于相对领先的地位。

而浙江省2012年住宅产业现代化发展水平评价最终得分为3.428 4分。和江苏省相比,总体发展水平仍有差距。具体差别表现在:

(1)区域由于面积相对较小等原因,在驱动力指标上稍逊于江苏省,对住宅产业现代化发展水平的潜在推动力有无法避免的差距。

(2)尽管在压力指标中,浙江省的劳动生产率远远超过江苏省,值得江苏省借鉴经验以提高自身劳动生产率。但在2012年年中同一时间的建材价格指数出现较大波动,相比上一年有所涨幅。由于价格指数受市场影响较大,波动较为常见,故该评分只能说明2012年年中这一时间点的情况。

(3)由于驱动力指标和压力指标的影响,浙江省状态指标评分低于江苏省,其中新建成品住房比例远低于江苏省,通过资料搜集也可以发现,浙江省还未出台或形成有关成品住房的相关规范。

(4)此外,浙江省在争取住宅产业现代化相关评定指标时,积极性不及江苏省,故相关评定指标数量都较小。

总结来说,江苏省应在住宅产业现代化发展的过程中,执行改善"驱动力"、加强"压力"、提高"状态"、保持"影响"和"响应"的对策。具体提升路径详见第8.5节。

8.5 江苏省住宅产业现代化发展提升路径设计

通过已经构建的江苏省住宅产业现代化发展水平评价指标体系,确定了影响住宅产业现代化发展水平的因素,并且通过多次调研,确定了各个指标间的大致关系与重要程度。我们不仅了解了住宅产业现代化至今发展的情况,同时也可以从过去的工作中去总结经验教训。

(1) 总体目标

根据上文评价结果,江苏省住宅产业现代化未来的发展主要应以住宅产业的转型升级为核心,以"四节一环保"为主线,通过标准建设、制度建设和市场建设,转变住宅生产方式,提高住宅产业的科技进步贡献率和劳动生产率,改善住宅产品的性能和质量,提高住宅建设工业化、信息化、集约化水平,实现住宅产业由粗放型向集约型的转变,从而大幅度提升城乡人居环境水平和质量。

(2) 发展阶段

具体又可以分为以下几个发展阶段:

第一阶段,准备期(2015年之前):积累、完善和夯实住宅工业化、产业化和现代化的发展基础。该阶段以住宅产业现代化的发展基础不断完善为主要特征。通过总体规划制定、标准化体系建设、政策制度建设、市场建设等,不断积累、完善和夯实住宅产业现代化的发展基础。内容包括:

① 完成住宅体系标准化建设,建立包含优良部品材料目录、技术及管理标准、标准图集等在内的标准化体系。

② 出台相关优惠政策和保障措施,从住宅建设综合监管、财税、金融、土地、科研等方面支持住宅产业现代化的发展。

③ 积极发展住宅工业化,实现内墙板、楼梯、楼板、窗台板、遮阳板等标准化程度较高的构件和成熟的部品体系,以及外墙板、厨卫等非标专用构件和部品的推广和应用。

④ 培育示范企业、示范园区和试点城市,初步整合住宅部品部件生产工厂和装配施工企业,形成生产能力和产业链整合发展态势,增加国家住宅产业化基地。

第二阶段,初期(2016—2020年):初步实现住宅产业现代化,优势区域基本实现住宅产业现代化。该阶段以示范区域、示范企业、示范项目的发展为主要特征。通过龙头企业带动以及试点示范项目和试点区域的应用推广,初步形成工业化住宅的设计理论方法、标准规范体系、结构体系和部品体系及产业链生产力布局,全省初步实现住宅产业现代化,优势区域基本实现住宅产业现代化。内容包括:

① 实现住宅工业化水平的跨越式发展,实现剪力墙、柱和梁等承重结构构件

和部品的推广和应用,全面提高新建成品住宅比例,优化工业化生产的工艺和流程,明显降低生产成本。

② 整合包括住宅开发投资企业、住宅设计企业、部品部件生产企业、机械设备生产企业、现场装配施工企业、住宅装饰装修企业在内的住宅生产和供应产业链,形成住宅产业现代化技术研发和住宅部品工业化生产、展示、集散、经营、服务等集散区,申报成功并发展全国住宅产业现代化综合试点城市。

③ 培育形成能完成一个住宅的所有环节,包括部品的研发制造、建筑的设计、工程的施工等,实现"一站式"流程结构的住宅产业集团或住宅产业战略联盟,形成龙头企业和全国知名住宅产业现代化品牌。

④ 增加国家和省康居示范工程、住宅性能认定、绿色建筑项目的申报,加强宣传,使民众完全认同和接受住宅产业现代化的产品。

第三阶段,中期(2021—2030年):基本实现住宅产业现代化,优势区域率先实现住宅产业现代化。该阶段以试点的进一步影响力扩散辐射,并且形成整体竞争力为主要特征,形成一批引领行业发展的工业化住宅龙头企业,建成完备的住宅产业现代化政策体系、产品体系、技术装备体系以及综合效益高、辐射面广的住宅产业链生产力布局体系,提高住宅产业链核心竞争力和品牌影响力,全省范围基本实现住宅产业现代化,优势区域率先实现住宅产业现代化。内容包括:

① 住宅工业化水平和发达国家基本看齐,住宅部品化率、装配化率、新建成品住房率、产品质量和性能等方面基本达到先进发达国家水平,基本完成住宅建筑行业和产品服务的转型升级。

② 整合包括住宅开发投资企业、住宅设计企业、部品部件生产企业、机械设备生产企业、现场装配施工企业、住宅装饰装修企业、物业管理企业、房地产咨询机构、房地产经纪机构等在内的住宅产业的完整产业链,实现产业链的优化和升级,培育并完善2到3个包含住宅产业完整产业链的住宅产业集团以及一批龙头企业。

③ 在全国范围内形成产业链的竞争优势,以产业联盟及住宅产业集团的形式走向全国,形成以研发、设计、生产、推广、应用等相互促进的市场推进机制为主导的住宅产业现代化发展的良好局面,对全国起到示范引导作用。

④ 将住宅产业发展成为资源节约、环境友好、生产效率高、产品价值高的现代化产业。

第四阶段,后期(2030年以后):全省范围全面实现住宅产业现代化。该阶段以住宅产业现代化全面达到或超越发达国家水平为主要特征。住宅产业现代化水平达到或超过发达国家,住宅部品化率、装配化率、新建成品住房率、产品质量和综合性能等方面达到或超过先进发达国家水平,全面完成住宅建筑行业和产品服务的转型升级。

第9章 结论与展望

9.1 主要结论

本书主要是对江苏省住宅产业现代化发展水平评价的研究,在住宅产业现代化概念辨析和对国内外以及江苏省住宅产业现代化发展现状分析的基础上,结合问卷调查,建立住宅产业现代化评价指标体系,并构建了评价模型。本研究的主要成果有以下几点:

(1) 对国外住宅工业化的发展以及近年来国内住宅产业现代化的发展历程进行了梳理,分析了我国住宅产业现代化发展存在的主要问题,及国外住宅工业化的发展对我国的启示,最后总结了我国住宅产业现代化发展滞后的主要原因。

(2) 对江苏省住宅产业现代化的发展现状进行了总结,分析了江苏省住宅产业现代化发展目前存在的主要问题,并以此为基础,对江苏省住宅产业现代化的发展进行了 SWOT 分析,给出了江苏省住宅产业现代化发展战略的建议。

(3) 对住宅产业现代相关概念进行了梳理和辨析,重点阐述分析了其所包含的工业化、产业化、现代化三者之间的关系,并给出了住宅产业现代化的具体定义和内涵。

(4) 研究了江苏省发展住宅产业现代化的产业空间布局。

(5) 以住宅产业现代化的定义和内涵为基础,结合江苏省实际情况,设置江苏省发展住宅产业现代化的阶段目标和目标体系。

(6) 给出了江苏省住宅产业现代化发展的主要任务,包括:①建立住宅产业现代化的支撑体系;②推行成品住房发展;③建设国家级住宅产业现代化基地和试点示范城市;④加快住宅生产方式转型升级;⑤大力扶持住宅部品、部件工业化生产企业;⑥大力推进住宅性能认定;⑦在保障性住房建设、棚户区改造工程、示范性工程建设中推进住宅产业现代化;⑧推进 BIM 技术在住宅项目中的应用;⑨建设全省住宅产业现代化管理信息系统。

（7）从组织措施、引导措施、激励措施、考核措施四个方面给出了江苏省发展住宅产业现代化的政策建议。

9.2 研究不足及展望

虽然本研究对江苏省住宅产业现代化发展进行了分析，但是在很多方面还存在不足之处，仍需要进一步地研究。

（1）由于房地产体制、制度问题、发展阶段和运行管理等因素的限制，本研究对江苏省住宅产业现代化发展状况总结得可能不是很完整。住宅作为具有投资大、价值高、影响面广、活动过程长、关联产业多、市场需求大等特点的产业，涉及许多相关问题，包括经济、社会等方面，其影响指标众多，权重的设定复杂。在发达国家，住宅产业的研究经历了上百年历程，而我国和江苏省对住宅产业现代化的重视和深入研究开展相对较晚，因此，今后江苏省的住宅产业现代化发展研究思路可以与国际进行对比，借鉴经济发达国家房地产业发展的成功经验，发现江苏省住宅产业现代化发展中存在的根本性问题，以促进住宅产业健康发展，为制定江苏省住宅产业现代化发展的产业政策提供参考。

（2）由于数据、时间和相关资料的限制，本研究对于江苏省住宅产业现代化今后的变化趋势等都很难全面地反映出来。今后要探讨房地产业在若干时点上的发展情况，需要开展动态研究，全面地分析住宅产业的变化发展趋势。

（3）调查问卷的发放能否平衡众多影响指标决定了问卷调查结果的有效性。由于调查、采访范围所限，本研究对于细化至江苏省各县市的住宅产业现代化发展数据和指标掌握不全面。今后对于住宅产业现代化发展的指标体系应针对各县市的经济发展状况和实际发展水平给予具体修正，设定指标变动范围。

附录 1
像造汽车一样造住宅：电动汽车产业化发展和经验借鉴

目前，随着社会经济的快速发展和技术革新的加快，构建现代化的产业体系已经成为转变经济发展方式的重要趋势和各行业调整产业结构的一项重要任务。汽车行业的产业化发展理念由来已久，在改革开放初期，汽车产业还不能为国家社会经济发展提供有效的供给，是约束国家发展的短板，随着国家将汽车工业作为对外开放和国际合作的先进产业，从 1984 年起，通过引进技术、合资合作的方式先后批准了一批中外合资的汽车企业，迅速填补了我国在轿车及重型车、轻型车、微型车等方面的空白，并通过实行优惠的税务政策，加强汽车零部件产业化基础，加快了中国汽车产业现代化的进程。

从可持续发展战略角度来说，中国发展电动汽车的紧迫性则更为突出。随着人们收入的增长，中国机动车的数量急剧增加。车辆的增加除对道路建设提出新的要求外，最直接的后果便是能源消耗的增加与污染的加重。作为绿色环保汽车，电动汽车使用电池作为动力，在运行中接近"零排放"，既减少了环境污染，又缓解了能源压力。

因此，在节能与环保的大背景下，在整个汽车行业中，电动汽车的研发与产业化发展越来越受到重视。作为战略性新兴产业，电动汽车是汽车产业的技术变革，提高技术创新能力、发展产业化是电动汽车行业发展的重要领域。

本节试图通过分析中国汽车产业现代化的发展进程，为住宅产业现代化发展提供经验和借鉴。

1）相关概念

（1）新能源汽车

按照国家发改委 2007 年公布的《新能源汽车生产准入管理规则》的定义，新能源汽车是指采用非常规的车用燃料作为动力来源（或使用常规的车用燃料、采用新型车载动力装置），综合车辆的动力控制和驱动方面的先进技术，形成的技术原理先进，具有新技术、新结构的汽车。新能源汽车包括混合动力汽车、纯电动汽车（BEV，包括太阳能汽车）、燃料电池电动汽车（FCEV）、氢发动机汽车、其他新能源（如高效储能器、二甲醚）汽车等。

（2）电动汽车

电动汽车包括不使用外部电源充电的混合动力汽车（HEV）、既可使用燃油发动机又可使用外部插入充电（plug-in）的插电混合动力车（PHEV）、完全插入充电的纯电动车（EV）和燃料电池汽车（FCV）。电动汽车又分为乘用车和商用车两大类。

（3）电动汽车产业化

① 概念定义

电动汽车产业化是指形成从电动汽车技术研发、零部件生产、整车生产，到充电设施建设、充电服务提供等的一条完整稳定的产业链，使得电动汽车成为国民经济的一个重要部门的过程。也即将电动汽车技术成果转化为电动汽车产品，并投放市场，实现一定规模的经济效益和社会效益的过程，如图1所示。

③ 阶段划分

王瑞[83]将我国电动汽车行业的产业化过程大致划分为3个阶段：萌芽阶段、研发培育阶段和产业培育阶段。

a. 萌芽阶段（1960年代到2001年前后），虽然该阶段没有完成一款电动汽车整车产品制造，但"八五"期间国家将电动汽车列入国家科技攻关计划，"九五"期间列入国家重大科技产业工程项目，为电动汽车的进一步研发奠定了良好基础。

b. 研发培育阶段（2001年到2007年），电动汽车专项正式启动，《新能源汽车生产准入管理规则》正式实施，带动我国电动汽车行业取得重要研发进展，为形成电动汽车产业打下了坚实基础。

c. 产业培育阶段（2007年11月以后），一批自主创新混合动力轿车相继上市销售，实现了小规模电动汽车的集中、高强度商业化示范运行，我国具备了电动汽车产业化的基本实力。

2）电动汽车产业化发展回顾与现状

目前我国电动汽车产业在发展体系建立、产业政策落实、关键技术集成、产品示范运营、市场引导与推广等方面已取得一系列的成绩，从而推动了电动汽车产业现代化的发展。

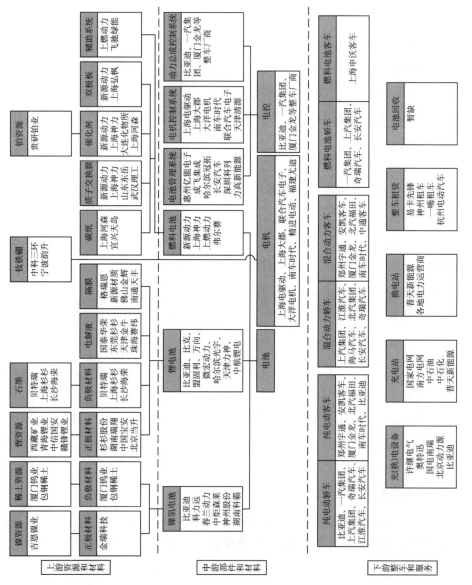

图 1 电动汽车产业链构成

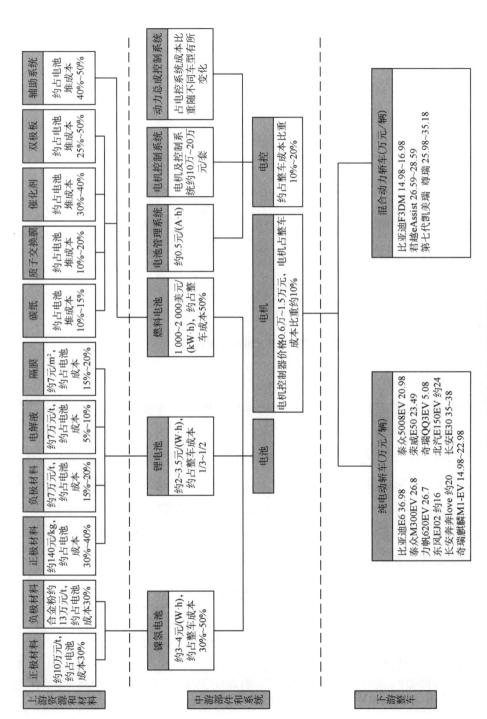

图 2 电动汽车产业价值链构成

(1) 产业化发展体系建立

目前我国以电动汽车为代表的新能源汽车产业化发展体系的建立是在技术相对成熟的基础上,通过相应的资源配置,包括上游供应者、下游需求者、市场进入、替代品的威胁以及产业内竞争与合作等内容,创造有利于新能源汽车普及推广的产业条件,产业价值链见图2,产业发展体系见图3。

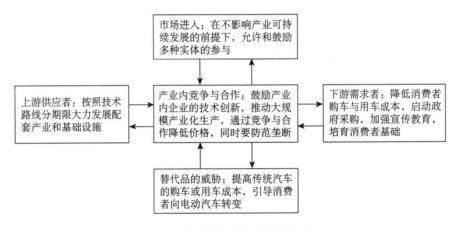

图3 电动汽车产业化发展体系

(2) 产业政策落实

产业政策是政府根据国民经济发展的客观要求,调整和改善产业活动,促进产业发展,从而提高有效供给的政策[84]。

我国自2001年起开始对电动汽车进行研发和产业规划。国家通过实施一系列产业政策措施来推动电动汽车产业现代化(见表1),经过两个五年规划,在整个产业的层面上,构建起以整车产品为载体,以动力系统为核心,不断深化技术研究和建立公共服务平台的研发布局,并形成了节能与新能源汽车的总体研发体系,推动了新能源汽车战略性新兴产业的形成。

表1 我国电动汽车产业化政策

年份	我国电动汽车发展
2001年	"863"计划,启动电动汽车专项,确立了以PCEV、HEV、BEV车型为"三纵",以电池、电机、电控为"三横"的研发布局
2006年	《国家中长期科学和技术发展规划纲要(2006—2020年)》分别将"低能耗与新能源汽车"和"氢燃料电池技术"列入优先主题和前沿技术
2007年	发布实施《新能源汽车生产准入管理规则》,电动汽车正式纳入国家汽车新产品公告管理;混合动力、纯电动客车实现小规模运营

续表1

年份	我国电动汽车发展
2009年	出台《节能与新能源财政补助管理暂行办法》,启动节能与新能源汽车示范推广工程,截至2010年已形成25个示范推广城市
2010年	中国一汽、中国海洋石油总公司、国家电网公司等16家央企成立电动车产业联盟,制定《电动汽车科技发展"十二五"专项规划》
2012年	国务院印发《节能与新能源汽车产业发展规划》,其中提出加强新能源关键核心技术、节能汽车技术研究,加快建立节能与新能源汽车研发体系
2012年年底	确定2012年新能源汽车产业技术创新工程拟支持项目名单,其中涉及纯电动车、插电式电动车、燃料电池车以及动力电池几大项目

除了中央政府的各项支持政策之外,各地方政府如上海、广州、深圳、北京、重庆、武汉、大连、吉林、安徽等,也不断出台多项支持电动汽车发展的政策。

由于电动汽车的产业发展涉及结构、组织、素质等多方面的内容,所以产业政策是包括若干子政策(结构政策、组织政策、关系政策)的完整体系。电动汽车产业政策的主要服务对象包括电动汽车领域相关研发机构、电动汽车相关生产制造企业、电力部门、以充电站为核心的中间服务商、电动汽车使用客户;推动产业发展的政策手段则主要包括科技投入政策、税收激励政策、政府采购政策、补贴政策、科技创新体系建设政策、法律法规约束政策。政策服务对象与政策手段之间是复杂交叉对应关系,针对某一类服务对象可能需要多种政策手段综合作用才能产生良好的效果(见表2)。

表2 电动汽车产业政策对象与政策手段的关系

政策对象	科技投入	税收激励	政府采购	财政补贴	科技创新平台	法律法规
研发机构	●				●	
汽车制造企业	●	●		●	●	●
电力部门				●		
充电站等中间服务商		●				
终端消费者			●	●		

(注:●代表相关政策对象与政策手段之间具有直接对应关系)

(3) 关键技术集成

在"十五"时期国家实施了新能源汽车科技规划。2009年国务院又安排

100亿元资金支持新能源汽车及关键零部件产业化,中央财政补贴公交系统新能源汽车10亿元人民币。目前在电动汽车的电池技术、电机技术、电控技术、整车技术等核心技术方面已经取得重大突破。对于电动汽车的产业现代化来说,技术研发的关键在于核心技术的集成,依靠技术集成创新,进一步发展系统和模块化的设计、制造、控制、检测及应用技术能力,包括与整车集成互动开发的能力,还包括在产业协作中模块化、系统化的供货技术支持能力。

杨忠敏等学者[85]将电动汽车的技术集成路径分为3个阶段:产品概念设计阶段、产品集成开发阶段、产品持续创新阶段,其模型如图4所示。

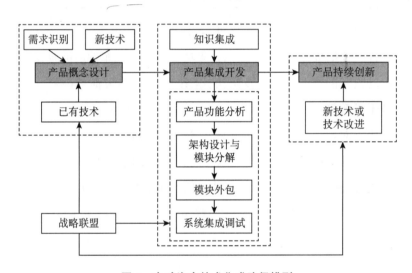

图4 电动汽车技术集成路径模型

① 产品概念设计:是整个技术集成创新过程的起点,是技术集成的基础。在所有开发工作进行之前,企业对新产品的定义准确与否,是直接决定新产品研发及后续生产制造能否顺利进行的重要因素。由于汽车企业面临的内外部需求是多样性的,因此企业通过识别适合其生存发展并且能保持其后续产品竞争力的需求而制定生产方案。

② 产品集成开发:主要采取模块化方式,对不同应用功能的零部件进行组合连接。对于汽车制造企业来说,在技术来源多样化、技术系统复杂化趋势加剧的条件下,面对的是企业未掌握的更多新技术知识。在起始阶段,主要提升整车匹配的开发能力,即提高技术集成的建构知识,然后逐步形成关键总成开发能力,即提高技术集成的元件知识。

③ 产品持续创新:产品集成开发为企业提供了一个产品平台,共享设计与零

部件的集合，并以此为基础衍生出一系列产品。产品平台提供了一个产品技术架构，通过持续的技术集成及新领域知识的植入，形成产品的持续创新，实现产品创新和企业技术能力的良性互动，使技术集成成为推动企业技术能力升级的有效途径。

（4）产品运营示范

电动汽车的示范运营项目最早从 2003 年开始实施，示范运营城市有武汉、北京、天津、杭州、株洲。2009 年我国启动了十城千辆节能与新能源汽车示范推广应用工程（简称为"十城千辆"工程），计划用 3 年左右的时间，每年发展 10 个城市，每个城市推出 1 000 辆新能源汽车开展示范运行，涉及这些大中城市的公交、出租、公务、市政、邮政等领域，力争使全国新能源汽车的运营规模到 2012 年占到汽车市场份额的 10%。2010 年"十城千辆"已经扩大到了 25 个城市，并且已经确定在 6 个城市内推广私人用电动汽车。到 2011 年，参与示范运营的车辆达 14 000 辆，行驶里程累计 2.4 亿公里。电动汽车示范运营项目展示了电动汽车技术取得的喜人成绩，考验了电动汽车的性能，同时推动了电动汽车技术的进一步发展和产业化的进程。

（5）市场引导与推广

推广电动汽车从国家层面来说，意义在于大规模使用电动汽车有助于降低对石油进口的依赖，从而提高国家的能源安全；有助于在快速加大的交通压力下实现碳减排以及降低大气污染物排放，从而提高空气质量。但是电动汽车市场对于普通个体消费者来说，需要进一步的引导和大力推广。

为尽快扩大市场，目前电动汽车行业开始从注重鼓励私人消费者购买转向优先鼓励拥有大量机动车进行商业运营的行业部门使用电动汽车，如城市中心的汽车租赁、汽车共享、物流配送、出租车，以及公务用车等。在电动汽车的充电和续航的技术得到更长足创新与发展之前，私人购买者不太可能会大幅增加，而政府与公司的采购有助于建立电动汽车市场。

3）住宅产业对电动汽车产业化发展经验的借鉴

（1）依靠市场拉动，促进产业走向成熟

任何产业的发展都离不开市场的拉动，要实现产业化及产业现代化，首先是生产出适合市场需求的产品。成功促进电动汽车发展和市场化的关键在于生产出低成本、高性能以及满足人们舒适性要求的电动汽车产品。电动汽车产业是朝阳产业、新事物，在其发展初期完全让市场决定是消极的，因为市场的力量来自具有不同兴趣的个人，它是一个抽象的概念。所以电动汽车产业在发展初期，应充分利用市场来表现自己的生命力，并影响市场。

工业化住宅建筑作为住宅产业现代化发展的实体产品表现,具有建造成本低、质量可控、生产周期短、绿色环保等优点。但是工业化建筑在我国的市场占有率还比较低,而由政府引导的保障房、廉租房等是目前工业化建筑应用较广和市场接受程度较高的领域,应以此为基础,拉动整个工业化住宅建筑的需求市场,从而进一步促进产业发展。

(2)依靠政府主导力量,促进产业化发展

电动汽车不可能自发地发展,也不可能仅仅依靠某个人或某个组织来实现产业化,必须依靠政府的力量进行产业组织实施。

① 制定相应政策

技术扶持政策、产业化运作政策、消费政策等的制定是电动汽车产业化发展的重要支撑。政府相关部门通过及时与研发部门沟通,听取意见,认真总结,及时将这些规范上升到政策层面,可以更好地规范和指导电动汽车技术向深层次发展,并根据现行的汽车产业政策和消费政策,结合电动汽车在生产和消费中的特殊性,建立配套政策。产业化进程本身是一个互动的过程,需要随着产业的发展逐步建立和完善。

住宅产业现代化发展目前面临的主要工作之一是制定引导政策,充分利用市场,发挥国有资本的引导作用,使住宅产业得以充分发展,并能与市场经济体制相适应。

② 整合各方力量

政府在社会生活中处于中心环节的地位,能够最有效地整合各种资源,系统地利用各种资源,充分挖掘社会力量来发展某项产业。在这方面,政府部门为了电动汽车的产业发展充分调动了社会各方面力量的积极性。对于住宅产业来说,整合各方面力量主要包括两个层面的含义:首先是社会力量的整合,包括技术、资本、劳动力、上下游产业等;其次是各种社会力量内部各要素的整合,例如,上下游产业内部就会涉及各工业化建筑的装配部件厂商的整合,技术力量层面包含众多学科门类工程技术的整合。

③ 配套基础设施

电动汽车生产和使用所需配套的基础设施与传统汽车有很大不同,从某种意义上说,这是制约电动汽车产业化的一个很大的障碍,排除这一障碍是政府支持电动汽车产业化的直接体现。同样,住宅产业现代化发展所需要和使用的配套基础设施也比传统建筑业的要求更高,并主要体现在两个方面:首先是生产建设环节,政府应积极促进新的装备制造业发展,为建筑工业化提供必要的生产装备和建构部件;其次是运营环节,应根据建筑产品不同的外部条件、地理位置等,提供必要的交通配套设施、教育医疗设施、生活娱乐设施等,从而引导消费者对于工业化建筑的认同感和接受度。

在促进住宅产业现代化发展时,政府应从全社会能源经济性和环保高效性出发,来看待和解决问题,从而更好地引导住宅产业的健康发展。住宅产业现代化标志着全社会技术水平的提高,必将提高政府的社会影响和国际形象。

(3) 顺应传统产业发展规律,促进产业结构优化

产业结构是国民经济各产业之间以及产业内部各部门之间的构成关系,它既是产业发展水平的标志,又是推动产业发展的决定性因素。产业结构的优化升级将促进劳动生产率普遍提高,增强产业竞争力,高效率、高质量地满足人们对产品和服务不断增长和更新的需求。

门峰和王今[86]认为汽车产业结构包括汽车产业的组织结构、产品结构、技术结构和市场结构等4部分内容。其中,组织结构是产业结构调整的基础,科学完善的产业组织结构为实现产品结构、技术结构和市场结构等全方位的调整和升级提供了重要保障;市场结构是产业结构调整的导向,合理的市场构成为汽车产业的可持续发展提供了广阔的空间,并为汽车产品结构调整和技术结构升级提供了良好的外部环境;产品结构和技术结构是实现汽车产业结构调整和升级的重要途径。各部分相互作用、协调发展,共同推动汽车产业的优化升级和协调发展(见图5)。电动汽车产业的结构调整主要是协调产业内部组织结构、市场结构、产品结构和技术结构等各种因素的相互关系,推动产业结构的合理化,逐步实现产业由低水平向高水平发展,对于促进和保障电动汽车产业的协调与可持续发展有重要作用。

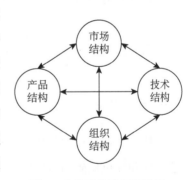

图5 产业结构的相互关系

住宅产业横跨生产、流通和消费等经济过程,具有较强的产业关联度,并涉及建材、冶金、木材、化工、机电、纺织、电力、金属等工业部门的上万种品种,具有巨大的产业关联效应和收入弹性效应。住宅产业结构的调整和优化,就是把各类产业资源的配置方式达到最佳效能。为适应住宅产业现代化发展形势的需要,进一步发挥市场在资源配置中的决定性作用,要建立以政府政策规定为引导、满足用户各方面需求、充分发挥市场自我调控机制的产业结构调整模式。

附录 2
江苏省"十三五"住宅产业现代化发展规划

为了贯彻落实"创新、协调、绿色、开放、共享"新发展理念,加快推进住宅产业现代化,江苏省"十三五"建筑产业现代化发展规划研究课题组根据《中共中央国务院关于进一步加强城市规划建设管理工作的若干意见》《国务院办公厅关于大力发展装配式建筑的指导意见》《江苏省国民经济和社会发展第十三个五年规划纲要》《江苏省绿色建筑发展条例》《江苏省政府关于加快推进建筑产业现代化促进建筑产业转型升级的意见》部署要求,结合江苏实际,制定本规划。

一、发展背景

(一) 重大意义

住宅产业现代化是以设计标准化、生产工厂化、施工装配化、装修一体化、管理信息化和绿色低碳为主要特征的,住宅生产方式不断变革、住宅产业向高级阶段梯次递进的演化过程。住宅产业现代化有利于提高住宅生产效率、住宅产品质量和性能,有利于实现节能、节地、节水、节材和环境保护。加快推进住宅产业现代化,是江苏促进建筑产业转型升级、深入贯彻落实江苏国家建筑产业现代化试点省份建设的重要内容,是加快推进住宅产业供给侧结构性改革、不断增强住宅产业核心竞争力的重要途径,是加快构建创新、绿色、低碳、高效发展模式,努力建设"两型社会""富强美高"新江苏,实现"住有宜居"发展目标的重要保障。

（二）发展基础

江苏省位于我国东部沿海中心、长江经济带下游，总面积 10.26 万 km²。2015 年，全省常住人口 7 976 万人，全年实现地区生产总值 70 116 亿元，位居全国第二位，处于工业化后期阶段。江苏现代产业体系初步形成，高新技术产业和战略性新兴产业发展迅速，开放型经济水平国内领先，城乡发展日趋协调，科技、教育、交通运输、通信等基础服务和基础设施日益发达。总体来看，江苏推进住宅产业现代化具有优越独特的区位优势、综合发达的交通物流网络保障体系、门类丰富的现代产业支撑配套体系、实力雄厚的区域科技协同创新体系、高端完善的市场经济环境。这些优势既为江苏住宅产业现代化提供了坚实和完备的基础、环境和条件，也使得我们对住宅产业现代化提出了更新和更高要求。

"十二五"时期，江苏在保持住宅产业快速发展的同时，积极贯彻落实国家有关发展住宅产业现代化的方针政策，并结合江苏实际制定出台了一系列相关政策标准和管理办法，全省住宅产业现代化工作取得了良好开局，综合发展水平居全国领先地位，为"十三五"住宅产业现代化全面推进打下了良好基础。

住宅产业规模和水平全国领先。"十二五"期间，江苏住宅建设和住宅产业快速发展，为住宅产业现代化提供了巨大的改造提升转型空间。据 2013 年统计，江苏累计完成住宅开发投资 7 241.5 亿元，投资规模连续多年稳居全国第一。住宅竣工面积达到 48 110 万 m²。全省以住宅为主的房地产业实现增加值占全省地区生产总值的比重始终维持在 5% 以上，实现房地产业税收年均收入占全省地税收入的三分之一以上。与此同时，江苏现代住宅也得到了较快发展，江苏共创建实施省优秀住宅示范工程项目累计约 700 个，总建筑面积约达到 8 000 万 m²，其中，省成品住房示范工程项目有 90 个，成品住房示范工程住宅总建筑面积约占到全部示范项目住宅总建筑面积的 15%，示范工程面积居全国前列。

涌现一批住宅产业现代化的企业集群。据最新统计，江苏现共有房地产开发企业 7 798 家，其中一级资质企业占 1.26%，二级资质企业占 65.13%，三级资质企业占 31.98%，四级资质企业占 1.63%。江苏房地产企业总数和一级资质企业总数均为全国最多，且大多数一级资质企业具有工程总承包能力和现代化住宅设计能力，能独立或联合进行装配式住宅开发建设、设计装修一体化施工，独立承担国家住宅产业化基地建设任务。近年来，江苏培育和引进了一批国内外行业知名的部品、部件和材料生产龙头企业，形成了一批初具规模的部品、部件和新型建材生产基地。江苏企业积极实施"走出去"战略,输出产能、技术、人才和管理经验,江苏住宅企业逐步走出了一条外向化、规模化、高端化和品牌化的发展之路。

初步形成促进住宅产业现代化发展的政策标准框架。"十二五"期间,省委省政府及省有关主管部门积极贯彻落实国家推进住宅产业现代化发展的战略方针政策,先后出台了一系列推进住宅产业现代化发展的相关政策、标准和行政措施等。部分骨干龙头企业积极与有关科研机构和大专院校合作,形成了部分企业标准;主动配合国家有关部门主编了部分国家行业标准等。江苏"十二五"期间出台的一系列政策和标准主要有《关于加快推进建筑产业现代化促进建筑产业转型升级的意见》《关于加快推进成品住房开发建设实施意见的通知》《成品住房装修技术标准》《预制装配整体式剪力墙结构体系技术规程》《江苏省创建"康居示范工程"实施意见》《关于开展住宅性能认定试点工作的通知》《江苏省建筑产业现代化发展水平监测评价办法》等。与此同时,企业编制了《全装修住宅逐套验收导则》、《住宅卫生间功能及尺寸系列》(GB/T11977—2008)、《CSI住宅建设技术导则》、《预制预应力混凝土装配整体式框架结构技术规程》、《住宅室内装饰装修工程质量验收规范》(JGJ/T304—2013)、《陶粒轻质混凝土条板应用技术规程》(苏JGT044—2011)等。上述各项政策标准办法的颁布实施,将对全省住宅产业现代化的全面推进起到引导、规制和促进作用。

住宅产业现代化试点示范项目数量全国领先。在住宅产业现代化的起步阶段,住宅产业现代化项目的试点示范能为住宅产业现代化的全面展开和推广发挥重要的示范、引领、辐射、带动作用。"十二五"期间,江苏把争创国家住宅产业现代化项目试点示范作为现代化的着力点,并取得明显成效。截至2015年末,全省共建立8个国家住宅产业化基地,总数约占全国总数的六分之一;列入国家康居示范工程项目实施计划的项目有62个,项目总数约占全国总数的六分之一;开展住宅性能认定项目63个,项目数量约占全国的十分之一。

住宅工业化健康起步。"十二五"以来,江苏以国家住宅产业化基地企业为龙头,在苏南、苏中、苏北三大区域,相继组建了住宅部品构件材料生产工厂和模块住宅工业企业,积极探索在保障性住房和部分商品住宅项目中建设装配式住宅、模块住宅和集成房屋等,并积累了一定经验,住宅工业化迈入健康发展轨道。整体装配式剪力墙结构体系技术逐步成熟,部分企业建立了自己的PC(Precast Concrete,预制混凝土)工厂,梁、柱、楼板、楼梯、阳台等住宅部品开始在保障房项目中得到大量使用,整体装配式住宅初步实现规模化。江苏整体卫浴部品、模块住宅、集成房屋等集成度较高的住宅产业现代化生产技术、规模、市场占有率和工业化水平均居全国领先地位,产业化蓄势待发。

与此同时,江苏对转变住宅产业发展方式的重要性、紧迫性和危机感的认识有待加强,思想认识亟须高度统一,以形成合力,促进住宅产业现代化推进速度大幅提升。制约住宅产业现代化的体制机制和深层次矛盾依然存在,规划、政策、标准、科技、统计、监管和组织保障体系等方面的建设仍然满足不了住宅产业现代化发展的需要。社会化组织分工体系发育缓慢,企业大而全、小而全,各自为战的现象较为普遍,住宅产业化程度不高。部品部件生产基地规模小且分散,规模效益、集聚效应和经济效益不强,第三方物流配送体系落后,工业化、专业化优势难以发挥。资源能源消耗仍较高,住宅建设成本攀升较快,生产效率、科技含量、标准化程度、成品率较低等问题没有根本解决。城乡之间、城区与郊区之间、地区之间发展水平极不平衡。根据新的形势和要求,这些突出矛盾和问题都必须在"十三五"期间逐步解决。

(三)机遇挑战

"十三五"时期,江苏住宅产业现代化处于大有作为的重要战略机遇期,但也面临诸多矛盾、风险的严峻挑战。

重大机遇。一是国家、江苏陆续出台的一系列关于鼓励和支持绿色建筑、节能环保、循环经济、科技、设计、质量、建筑信息化、保障性安居工程等与住宅产业现代化相关的方针政策,为江苏住宅产业加快向绿色、科技、集约、高效、安全、智能等现代化方向发展提供了难得的战略机遇。二是"十三五"期间,江苏将着力推进新型工业化转型发展、新型城镇化稳步发展、城乡一体化融合发展、南北联动发展,将为住宅产业现代化向更高层次、更宽领域、更大规模、更快速度发展提供重大的发展机会。三是"十三五"期间,江苏的劳动力、土地、能源资源、资本价格和环境违约成本将持续攀升,传统住宅建造方式将难以为继,这为以工厂化、标准化、装配化、成品化、专业化、低碳化为主要手段的现代住宅生产方式的兴起和成长开辟了广阔空间。四是随着城乡居民收入水平的进一步提高,居民对改善性住房的需求日益提升,同时全省着力加快供给侧结构性改革的力度空前加大,将会从供需两端推动住宅产业向更高品质、更高性能、更加安全、更加绿色、更加智能的现代化方向发展。

严峻挑战。一是全球范围内科技革命的迅猛发展和住宅建造技术、相关创新成果的不断推广应用,为我国后发省份弯道超车和发达省份超越领先江苏提供了机遇,势必对江苏住宅产业现代化的现有产业优势和传统市场空间构成严峻挑战。

二是全国尤其是江苏产业结构体系不断高级化、服务化、现代化,将会对住宅产业高端复合型人才和高素质工人形成较大的"吸出效应"。三是住宅产业去产能、去库存、去标杆任务繁重,导致住宅产业现代化降成本压力更大,上规模、上档次、增效益的空间更小。

二、总体要求

(一) 指导思想

牢固树立并深入贯彻落实"适用、经济、绿色、美观"的建筑方针,以提质增效、绿色低碳、安全宜居、协调共享为总要求,以加快转变住宅产业发展方式为主线,以改革开放创新为核心动力,以"六个着力"为主要任务,以"六大工作"为重要抓手,不断完善住宅产业现代化的体制机制和政策体系,不断提高行业监管服务能力,努力建设市场竞争力强、综合效益好、质量性能高、生态环境友好、老百姓获得感强的住宅产业现代化强省,助力全省建设经济强、百姓富、环境美、社会文明程度高的新江苏。

(二) 基本原则

1. 政府引导与市场主导相结合

在加大政策标准扶持力度,强化政府规划、协调、引导职能的同时,坚持以市场需求为导向,以企业为主体,充分发挥市场配置资源的决定性作用。

2. 统筹兼顾与突出重点相结合

在统筹兼顾好经济增长与产业发展、住宅产业转型升级与节能减排环境保护、先发地区与后发地区、住宅生产建造方式转变与提升住宅建筑品质性能等关系的基础上,重点发展成品住房和新型住宅工业。

3. "引进来"与"走出去"相结合

加大政府与企业开放力度,加强交流与合作,鼓励企业"走出去"开拓国际市场。引进国际先进的技术装备和管理经验,整合国际相关要素资源,提升企业的核心竞争力和国际竞争水平。

4. 示范带动与创新驱动相结合

率先推进以政府为主导的保障性住房、棚户区改造等项目的试点示范,争创并推进住宅产业现代化综合试点示范城市、园区、基地和项目建设，逐步形成适应江苏特点的技术体系、监管体系和现代化发展模式，带动全省住宅产业现代化稳步有序发展。完善以企业为主体的技术创新体系，立足原始创新、集成创新和引进消化吸收再创新，形成更多拥有自主知识产权的核心技术，促进住宅工业化、产业化、国际化、信息化，形成产业新优势。

（三）发展目标

到2020年，江苏住宅产业现代化总体发展水平居全国领先地位，初步实现住宅产业现代化，构建适应住宅产业现代化持续、健康、稳定发展要求的政策标准体系、技术创新体系、产业结构体系、空间布局体系、试点示范体系、监管服务体系。经过五年的努力，江苏住宅产业在全省国民经济体系中的地位和作用进一步增强，江苏住宅产业现代化发展在全国的引领作用进一步凸显（表1）。

——提升新建成品住房比例。到2020年，全省新建成品住房比例达到30%以上。苏南各设区市和其他设区市中心城区，新建住宅全部为成品住房。鼓励在建住宅项目和存量土地转建成品住房。

——推动装配式住宅的发展。全省装配式住宅占新建住宅比例达到30%以上。国家装配式建筑产业示范城市、省建筑产业现代化示范城市，装配式住宅占新建住宅的比例达到35%以上。鼓励保障性安居工程建设装配式成品住房。

——推进试点示范建设。到2020年，创建国家住宅产业现代化综合试点城市3个以上，国家住宅产业化基地20个以上，各类住宅产业现代化试点示范项目150个以上。

——培育住宅产业现代化龙头企业。培育住宅开发、设计、部品生产、装配施工、装饰装修等住宅产业现代化龙头企业50个以上，在全国和行业内有重大影响力的现代住宅产业集团10个以上。

表1　江苏省住宅产业现代化"十三五"主要目标

目　标	2020年目标值
1. 新建成品住房比例	30%以上（苏南各设区市和其他设区市中心城区100%）
2. 新建装配式住宅比例	30%以上（其中国家装配式建筑产业示范城市、省建筑产业现代化示范城市35%以上）

续表 1

目　标	2020 年目标值
3. 住宅产业现代化试点示范建设 国家住宅产业现代化综合试点城市 国家住宅产业化基地 住宅产业现代化试点示范项目	 3 个以上 20 个以上 150 个以上
4. 住宅产业现代化龙头企业 现代住宅产业集团	50 个以上 10 个以上

三、主要任务

（一）建立健全标准体系

加快建立和完善江苏住宅产业现代化标准体系，制定规划、设计、施工、装修、验收、部品部件及消防安全评价和信息化等标准，继续完善工程造价和定额体系，大力提高部品部件的标准化水平，逐步建立健全住宅产业化产品质量保障体系。切实把好设计关，加快发布标准设计图集，对采用标准图纸设计的，免予设计审查。加快住宅部品部件和整体住宅认证体系建设，不断推广实施住宅性能认定、住宅部品部件推广认证、住宅产业技术方案论证等制度。加强对住宅一体化生产企业、部品部件生产企业的生产供应管理，将预制部品部件纳入建设工程材料目录管理，定期或不定期发布江苏优良部品部件推荐目录。

（二）提升技术创新能力

加强产学研用合作，健全以企业为主体的协同创新机制，以住宅产业化技术研究为重点，集中力量开展关键材料、基础部件、关键装置等关键共性技术联合攻关，尽快形成标准设计、建筑结构体系、部品生产制造、装配施工、成品住房集成等一批拥有自主知识产权的关键核心技术，全面提升住宅产业自主创新能力。切实加快企业技术创新体系建设，鼓励住宅相关企业创建各类住宅工程研发中心、标准设计中心、性能认定中心、住宅博览中心等平台机构，不断形成具有自主知识产权的核心技术和主导产品，支持企业确立适合住宅产业现代化的技术、产品和装配施工标准，尽快形成一批先进适用的技术、产品标准和施工工法，积极参与国际国内标准制定。

（三）构建现代生产体系

积极推进住宅产业现代化生产基地（园区）建设，根据市场需求规模和辐射范围，建设一批全省性综合生产基地（园区）、区域性生产基地（园区）、自给性生产基地（园区），实现住宅产业集聚集约发展。继续推进住宅产业工业化各项工作，在标准化基础上，实现结构体系、部品部件和设备工业化大生产，推动住宅产业生产、经营方式走上专业化、规模化道路。大力发展成品住房，积极引导房地产开发企业在商品住房项目中建设成品住房示范项目，使建筑装修一体化、住宅部品标准化、运行维护智能化的成品住房成为主要开发模式。

（四）积极开展试点示范

确立以城市为单位整体推进住宅产业现代化的发展思路，推动重点地区大城市带头创建国家和省住宅产业现代化综合试点、示范城市和园区，加大国家住宅产业化基地、国家康居示范工程的创建力度。按照技术先进、经济适用、示范性强的原则，加快制定住宅产业化示范项目选择程序及标准、技术导则和动态管理措施与办法。鼓励商品住宅进行产业化试点，并通过试点示范工程，引导开发企业在设计理念、技术集成、居住形态、建造方式和管理模式等方面实现根本性转变。

（五）促进产业集聚发展

加大产业链资源的整合力度，加快成立开发、设计、部品部件生产、施工、装饰、家具、家电、市政、园林、物流等企业和科研单位组成的联合体或住宅产业现代化发展联盟，实现住宅产业配套服务集约化。深入研究制定推进住宅产业现代化生产基地（园区）建设的优惠政策，支持集设计、生产、施工、装饰于一体的国家住宅产业化基地和钢结构及部品部件等住宅产业现代化示范园区建设，引导住宅产业化和相关配套企业入驻，培育形成高效、节能、环保型住宅产业集群。

（六）加强信息化技术应用

积极推进住宅企业信息化基础设施建设，提高企业信息系统安全水平，初步建立知识管理、决策支持等企业层面的信息系统，实现与企业和项目管理等信息系统的集成，提升企业决策水平和集中管控能力。加快BIM（建筑信息模型）、物联网、

4D等项目管理技术的研发、应用和推广力度,促进具有自主知识产权软件的产业化,形成一批信息技术应用达到国际先进水平的住宅企业。加快完善住宅行业与企业信息化标准体系和相关信息化标准,推动信息资源整合共享,提高信息综合利用水平。

四、重点工作

（一）优化产业环境

以构建完善的产业链系统为目标,加快培育和引进符合现代化要求且为住宅产业链缺失的关键环节的重点企业和项目,对具有专利或成套住宅产业化技术体系的企业、住宅产业化或预制装配化率达到50%以上的建设项目,给予招标支持,不断完善住宅产业链。

创新审批监管机制。对住宅产业化或预制装配化率达到50%以上的建设项目,可采用平方米包干价确定工程总造价预算,进行施工合同备案,开发报建手续实行并联式审批及绿色通道办理。各级公安和交通运输管理部门在所辖职能范围内,对运输超大、超宽部品部件(预制混凝土及钢构件等)运载车辆,在物流运输、交通通畅方面给予支持,确保物流畅通。

加强招标支持。对具有专利或成套住宅产业化技术体系的住宅产业化企业,在同等条件下给予投标优先权。对住宅产业化或预制装配化率达到50%以上的建设项目,在施工当地没有住宅产业化生产施工企业或只有少数几家住宅产业化部件生产施工基地的,招标时可以采用邀请招标方式进行。

支持企业开拓市场。将全省住宅产业现代化部品部件重点产品纳入政府采购目录,鼓励业内交流与宣传,重点支持有影响力的展览会或行业峰会落户江苏。对赴境外参加大型国际展会的企业,要在展位费、人员费方面给予一定补贴。

（二）培育龙头企业

以住宅产业现代化生产基地(园区)为核心载体,从资源倾斜、政策优惠等方面扶优育强住宅产业链相关企业。鼓励省内住宅产业相关企业资源整合,形成集住宅成套技术研发、标准设计、部品制造、施工、装饰能力于一体的住宅产业化大集团、大公司。

鼓励国内旗舰型装饰装修企业整合省内装饰装修行业资源,支持一批成长性较高、技术能力较强的省内龙头装饰企业与住宅开发企业进行兼并重组,逐步将住宅全装修能力纳入开发企业资质等级的核定内容,推动住宅企业向建筑、装修一体化设计方向发展。

支持省内规模较大、技术能力较强的预制构件和部品部件生产企业适应住宅工业化发展要求,调整产品结构,改善生产工艺,不断提升生产能力和生产效率。扶持并推动省内大型混凝土生产企业向预制构件和住宅部品部件生产企业转型升级。

(三) 开展试点示范

加快创建国家住宅产业现代化综合试点示范城市(区)。扶持南通海门市、常州武进区、南京江宁区积极创建国家住宅产业现代化综合试点、示范城市(区),定期组织召开国家住宅产业现代化综合试点示范城市(区)工作交流座谈会,搭建试点示范城市(区)住宅产业现代化发展成就展示平台,发挥综合试点、示范城市(区)的辐射带动作用。

大力推动住宅产业现代化示范园区建设。依托国家住宅产业化基地企业,大力培育和发展全产业链的现代住宅产业集群,不断完善示范园区住宅产业技术产品研发、住宅部品部件构件材料生产制造、试点示范项目应用推广、产业资源集中集聚的发展环境和配套条件,将示范园区打造成江苏住宅产业现代化发展的示范引领区和工业化住宅生产制造基地。

培育创建国家住宅产业化基地。加快培育住宅产业现代化技术研发创新能力较强、规模合理、技术产品服务优势明显、有较大影响力的房地产开发、设计、工程总承包、基础设备、部品部件、装配施工、装饰装修、专业服务等骨干龙头企业,积极创建国家和省住宅产业化基地。引导鼓励基地企业优先承担行业标准编制、住宅产业化示范工程项目建设任务,积极发挥基地的示范引领和辐射带动作用。

推动国家康居示范工程项目建设。大力组织省内住宅开发项目申报国家康居示范工程,不断提高江苏创建国家康居示范工程项目的数量和质量,推动国家康居示范工程应用住宅产业化成套技术和优良住宅部品部件及材料,把成品住房和装配式住宅的建设比例要求纳入国家康居示范工程项目评审的重要指标进行考评,不断提高江苏国家康居示范工程的创建水平。

(四)加强队伍建设

通过"千人计划""双创计划""333工程"等渠道,引进和培养一批住宅产业现代化高端人才。加快开展多层次的住宅产业现代化相关知识培训,使行业领导干部、企业负责人、专业技术人员和经营管理人员尽快掌握相关前沿知识,提高科学管理和技术水平。促进校企合作,培养专门人才,依托职业院校、职业培训机构和实训基地,培育紧缺技术人才。构建有利于住宅产业现代化队伍发展的长效机制,扶持劳务企业发展,努力建设规模化、专业化的住宅产业工人队伍。

(五)提升综合品质

加强工业化住宅、成品住房项目的建设管理。建立项目施工现场部品部件检测、质量监督等制度,加强住宅产业化项目建设过程的监管,落实各参与主体的责任,切实保障工程质量和安全。对超出国家现行标准规范的工业化住宅建筑结构的安全性,依法进行论证和审查。

完善工业化住宅工程质量监管体系。明确对预制构件生产的质量监管方式和装配施工现场的安全管理的要求,强化企业的质量安全主体责任,加快质量基础能力建设。通过推广先进成熟、安全可靠的技术体系,实现工业化住宅建筑的设计、生产制造、装配施工、运营全流程的质量保证,提升工业化住宅工程质量水平。建立健全住宅部品和住宅建筑性能的评价体系,明确评价主体、标准、程序。

强化成品住房竣工交付和质量验收管理,健全《住宅质量保证书》《住宅使用说明书》制度。完善住宅产业化各类装配整体式住宅体系的验收规范和现场施工安全质量技术要求。探索引入保险机制和保险服务,建立和推行工业化住宅、成品住房质量担保和保险制度。完善工程质量追偿机制,提高质量监管效能。

(六)推广信息技术

普及和深化BIM技术应用,发挥企业在BIM应用中的主体作用,聚焦于工程项目全生命期内的经济、社会和环境效益,通过BIM应用,提高工程项目管理水平,保证工程质量和综合效益。

加快住宅物联网智能技术的研发和应用,推广智能家居的使用,推广采用智能物业管理服务平台,建设智慧社区。

五、政策支持

(一) 财政支持

拓展省级建筑节能专项引导资金支持范围,纳入采用住宅产业化方式建造的项目,进一步加大支持力度。对符合条件、采用住宅工业化建筑技术建造的住宅项目和成品住房,省级节能减排(建筑节能)专项引导资金给予重点支持。优化省级保障性住房建设引导资金的使用结构,对采用住宅工业化建筑技术建造的保障性住房项目予以倾斜。住宅产业现代化国家级、省级研发中心以及协同创新中心享受省科技扶持资金补贴。对住宅产业现代化优质诚信企业,比照省级规模骨干工业企业的政策予以财政奖励。对主导制定国家、省级住宅产业现代化标准的企业,鼓励其申报高新技术企业并享受相关财政支持政策。将符合现代化生产条件的住宅产业列入省高新技术产业和战略性新兴产业目录,享受相关财政扶持政策。

(二) 税费优惠

对采用住宅产业现代化方式建造工业化住宅项目的企业,优先评定为省高新技术企业,享受相应税费优惠政策。房地产开发企业开发成品住房发生的实际装修成本可按规定在税前扣除,对于购买成品住房且属于第一套住房的家庭,由当地政府给予相应的优惠政策支持。省住宅产业现代化试点示范项目,可参照"百项千亿"重点技改工程项目,免征相关建设类行政事业性收费和政府性基金。将住宅产业现代化示范园区纳入省重点产业示范园区,享受省新型工业化示范园区相关政策。

(三) 金融支持

对纳入住宅产业现代化优质诚信企业名录的企业,省内各级行政主管部门应通过组织银企对接会、提供企业名录等多种形式向金融机构推介,争取金融机构支持;金融机构对符合条件的企业要积极开辟绿色通道,加大信贷支持力度,提升金融服务水平。对于购买装配式商品住宅和成品住宅,且属于首套住房的家庭,住房公积金管理机构、金融机构应提高贷款服务效率,按照差别化住房信贷政策,积极予以支持。鼓励社会资本发起组建促进住宅产业现代化发展投资基金，引导各类风险资本参与住宅产业现代化的发展。大力发展工程质量保险和工程融资担保。鼓励符合条件的住宅产业现代化优质诚信企业通过发行各类债券融资，积极拓宽融资渠道。

（四）用地支持

加强重点住宅产业现代化住宅部品构件研发生产示范基地的用地保障，对列入省级年度重大项目投资计划、符合点供条件的，优先安排用地指标。各级政府应根据住宅产业现代化发展规划要求，在年度土地供应计划中落实一定比例的土地用于住宅产业现代化项目建设。对以招拍挂方式供地的建设项目，各地应根据住宅产业现代化发展规划，在土地出让条件中明确项目的预制装配率、成品住房比例，并作为土地出让合同的内容。对于以划拨方式供地的保障性住房项目，各地应提高项目的预制装配率、成品住房比例。

（五）许可支持

各地可在符合相关法律法规和规范标准的前提下，对实施预制装配式住宅建筑的项目研究制定容积率奖励政策，具体奖励事项在地块规划条件中予以明确。土地出让时未明确但开发建设单位主动采用装配式住宅技术建设的房地产项目，在办理规划审批时，其外墙预制部分建筑面积（不超过规划总建筑面积的3%）可不计入成交地块的容积率核算。对于实施预制装配式住宅的项目，各地主管部门应进一步简化行政许可环节，缩减审批周期。在办理《商品房预售许可证》时，对采用建筑产业现代化方式建造的商品房项目，允许将装配式预制构件投资计入工程建设总投资额，纳入进度衡量。

六、规划实施

（一）加强组织协调

建立由政府主导、省住房城乡建设厅会同多部门组成的联席会议制度，省政府分管领导为召集人，省直有关部门参加，联席会议办公室设在省住房城乡建设厅，共同推进本规划纲要的实施。建立省部高层协调机制，指导、推动解决江苏住宅产业现代化建设中的重大课题。省住房城乡建设厅加强与住房和城乡建设部相关司局的对口联系，建立并完善工作机制，指导支持江苏探索和政策创新，加快推进规划确定的各项任务落实。将住宅产业现代化目标列入各级政府绩效考核体系，各市、县要从实际出发，因地制宜，主动对标现代化目标，找准工作切入点，制定本地规划、实施方案或专题推进计划，积极推进住宅产业现代化建设。

（二）加强宣传引导

加强对住宅产业现代化的宣传，建立政府、媒体、企业与公众相结合的宣传机制，定期组织宣传活动，每年至少召开一次全省住宅产业现代化技术推广交流会，提供宣传、引导和推广交流的平台。提高公众对装配式住宅和发展节能、省地、环保型住宅必要性的认识，倡导资源节约型的住宅消费模式和生活方式，营造良好舆论氛围。

加强行业引导，将住宅产业现代化的推进情况和成效作为"人居环境奖""优秀管理城市"的重要考核内容。对采用住宅产业现代化方式建造的项目，在康居示范工程和住宅性能认定中优先考虑。将住宅产业现代化发展情况作为房地产开发企业综合实力排序的重要内容。对住宅产业现代化优质诚信企业，在企业资质评定、市场准入、招投标中予以倾斜。

（三）强化监督评估

本规划正式实施后，各市县要细化目标任务，制定具体措施，强化协调推进，加强动态跟踪、监测和评估。

加强对规划实施工作的监督检查，省住房城乡建设厅会同统计局等部门以及相关市场主体，每年组织对全省住宅产业现代化进程实施评估，并及时向省政府报告；组织对各省辖市的发展水平进行测评，适时向社会发布测评结果。建立规划动态调整机制，根据江苏住宅产业现代化发展中出现的新情况、新问题，及时调整，提高规划的科学性和可操作性。建立规划实施考核机制，强化政策落实，保证规划实施效果。

以下为"十二五"以来江苏省房地产业发展情况（表2至表9，图1至图6）。

表2 "十二五"以来江苏省房地产业总体情况一览表

年份	房地产业增加值		房地产业税收收入			城镇人均居住建筑面积	
	总额（亿元）	增长（%）	总额（亿元）	增长（%）	占地税比重（%）	数量（m²）	增长（%）
2010	2 600.95	28.4	932	23.5	33.23	33.39	1.6
2011	2 747.89	5.6	1 124	20.6	31.47	34.72	4.0
2012	2 992.82	8.9	1 332	18.5	32.17	35.15	1.2
2013	3 308.40	10.5	1 608	20.7	34.33	39.3①	—
2014	3 564.44	7.7	1 726	7.3	33.38	39.51	0.5
2015			1 850	7.2	32.16	39.62	0.3

数据来源：江苏省城市住房与房地产工作领导小组办公室和《江苏统计年鉴》

表3 "十二五"以来江苏省住宅建设情况一览表

年份	完成投资额		新开工面积		竣工面积		销售面积	
	总额（亿元）	增长（%）	总量（万 m²）	增长（%）	总量（万 m²）	增长（%）	总量（万 m²）	增长（%）
2010	3 158	30.3	10 620	52.2	6 554	−2.6	7 596	−25.9
2011	4 094	29.6	11 158	5.1	6 477	−1.2	5 949	−21.7
2012	4 355	6.4	10 285	−7.8	7 687	18.7	7 535	26.7
2013	5 172	18.8	12 212	18.7	7 584	−1.3	9 495	26.0
2014	5 925	14.6	10 378	−15.0	7 259	−4.3	8 801	−7.3
2015	6 080	2.6	8 820	−15.0	7 930	9.2	10 275	16.7

数据来源：江苏省统计局网站

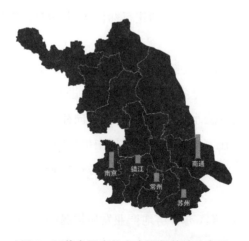

图1 江苏省国家住宅产业化基地分布图

① 从2013年开始，城镇居民家庭人均可支配收入调整为城镇常住居民人均可支配收入，其他相关指标口径同时做相应调整。

表4 江苏省国家住宅产业化基地分布情况

地区	南京	常州	苏州	南通	镇江	合计
数量	2	1	1	3	1	8

数据来源:江苏省住房和城乡建设厅住宅与房地产业促进中心,截至2015年12月31日。

图2 江苏省国家康居示范工程分布图

表5 江苏省国家康居示范工程分布情况

地区	南京	无锡	徐州	常州	苏州	南通	连云港	淮安	盐城	扬州	镇江	泰州	宿迁	合计
数量	8	8	3	4	10	8	3	7	3	3	3	2	0	62

数据来源:江苏省住房和城乡建设厅住宅与房地产业促进中心,截至2015年12月31日。

图3 江苏省住宅性能认定项目分布图

表6　江苏省住宅性能认定项目分布情况

地区	南京	无锡	徐州	常州	苏州	南通	连云港	淮安	盐城	扬州	镇江	泰州	宿迁	合计
数量	18	7	1	4	5	4	9	1	2	6	4	2	0	63

数据来源：江苏省住房和城乡建设厅住宅与房地产业促进中心，截至2015年12月31日。

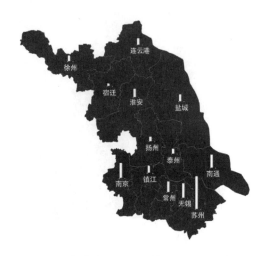

图4　江苏省优秀住宅示范工程项目分布图

表7　江苏省优秀住宅示范工程项目分布情况

地区	南京	无锡	徐州	常州	苏州	南通	连云港	淮安	盐城	扬州	镇江	泰州	宿迁	合计
数量	53	51	21	38	116	47	23	29	25	17	25	19	10	474

数据来源：江苏省住房和城乡建设厅住宅与房地产业促进中心，截至2015年12月31日。

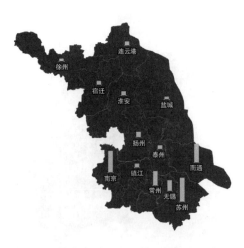

图5　江苏省成品住房示范工程项目分布图

表8　江苏省成品住房示范工程项目分布情况

地区	南京	无锡	徐州	常州	苏州	南通	连云港	淮安	盐城	扬州	镇江	泰州	宿迁	合计
数量	16	8	2	11	18	14	3	3	2	4	3	3	3	90

数据来源:江苏省住房和城乡建设厅住宅与房地产业促进中心,截至2015年12月31日。

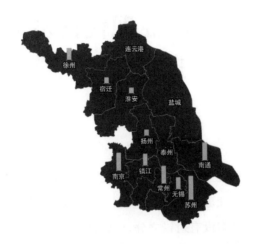

图6　江苏省住宅部品构件生产工厂分布图

表9　江苏省住宅部品构件生产工厂分布情况

地区	南京	无锡	徐州	常州	苏州	南通	连云港	淮安	盐城	扬州	镇江	泰州	宿迁	合计
数量	3	2	2	3	4	3	0	1	0	1	2	0	1	22

数据来源:江苏省住房和城乡建设厅住宅与房地产业促进中心,截至2015年12月31日。

附录 3
住宅产业现代化发展水平评价指标调查问卷（第一轮）

尊敬的女士/先生：

您好，感谢您在百忙之中抽出时间来填写我们的调查问卷！

本问卷调查是基于"江苏省住宅产业现代化发展规划研究"的学术性调查，以不记名方式进行，问卷答案没有对错之分，根据自己的实际情况填写即可。本调查的目的在于了解住宅产业现代化发展水平评价体系中各个指标的重要程度，以找出能准确反映住宅产业现代化发展水平的关键指标。诚恳期待您能拨冗填写，对于您的配合和支持，我们不胜感激。

我们向您保证有关调查资料只用于学术研究，并且绝对不会透露任何个人信息。

敬祝

身体健康、工作顺利！

东南大学建设与房地产研究所

说明：

住宅产业现代化定义：以现代化的社会化大生产的方式进行住宅生产和相关服务的高级产业形态。以住宅生产工业化为基础，以科技创新为手段，以住宅市场需求为导向，以住宅及住宅相关服务为产品，以提高住宅生产的资源节约度和环境友好度、提高住宅产品的价值、提高住宅产业的效率为目的，将住宅产业中的投资、生产、流通和服务的各个环节及各个生产要素组织起来，形成结构完整、组织协同、布局合理的住宅产业的产业链。

本问卷共列出 3 个方向 19 个可能反映住宅产业现代化发展水平的指标，请根据您的经验和判断，选择各个指标对住宅产业现代化发展水平的影响的重要性程

附录 3 住宅产业现代化发展水平评价指标调查问卷(第一轮)

度。该问卷使用 5 分制打分法。

其中 5 分制含义:

1—非常不重要;2—不重要;3——般重要;4—较重要;5—非常重要。

在方框内打"√"即可,均为单选题。

Ⅰ. 基本资料调查

1. 您的年龄

☐21~25 岁　　☐26~30 岁　　☐31~35 岁

☐36~45 岁　　☐46~55 岁　　☐56 岁以上

2. 您的受教育程度

☐大专以下　　☐大专　　☐大学本科　　☐研究生及以上

3. 您在住宅产业现代化发展中的角色

☐住户　　☐政府部门　　☐建设单位　　☐金融机构

☐施工单位　　☐运营单位　　☐咨询机构　　☐高校/研究机构

☐其他_____

4. 您从事有关住宅产业现代化研究的工作经验(住户可不填)

☐1 年以下　　☐1~5 年　　☐6~10 年　　☐10 年以上

Ⅱ. 住宅产业现代化发展水平评价指标重要程度选择

发展水平评价指标	←非常不重要			非常重要→	
	1	2	3	4	5
A1. 标准化户型应用比例	☐	☐	☐	☐	☐
A2. 标准化及模数化产品应用比例	☐	☐	☐	☐	☐
A3. 整体厨卫应用比例	☐	☐	☐	☐	☐
A4. 预制构配件应用比例	☐	☐	☐	☐	☐
A5. 新建住宅装配化比例	☐	☐	☐	☐	☐
A6. 平均建设成本	☐	☐	☐	☐	☐
A7. 劳动生产率	☐	☐	☐	☐	☐
A8. 新建住宅建筑能耗	☐	☐	☐	☐	☐
A9. 新建成品住房比例	☐	☐	☐	☐	☐
B1. 国家住宅产业化基地数量	☐	☐	☐	☐	☐

续表

发展水平评价指标	←非常不重要			非常重要→	
	1	2	3	4	5
B2. 产业链增值率	□	□	□	□	□
B3. 产业规模	□	□	□	□	□
B4. 房地产业增加值占 GDP 比重	□	□	□	□	□
C1. 信息系统应用比例	□	□	□	□	□
C2. 清洁能源及可再生材料应用比例	□	□	□	□	□
C3. 康居示范工程、住宅性能认定、绿色建筑数量	□	□	□	□	□
C4. "四新技术"应用比例	□	□	□	□	□
C5. 人均住房面积	□	□	□	□	□
C6. 物业服务小区覆盖率	□	□	□	□	□

Ⅲ. 宝贵意见

■ 您认为以上指标能否反映江苏省住宅产业现代化发展水平

　　□比较差　　　□基本可以　　　□比较好　　　□很好

■ 若您认为有需要补充的评价指标，请在下面填写：

_____

_____

对于您耐心回答完的问卷信息我们将认真处理，如果您想获得一份此次问卷调查的结果，请填写您的姓名和 E-mail 地址，以便给您发送。再次感谢您的合作！

姓　　名：_____　　E-mail：_____

附录 4
住宅产业现代化发展水平评价指标调查问卷（第二轮）

尊敬的女士/先生：

您好，感谢您在百忙之中抽出时间来填写我们的调查问卷！

本问卷调查是基于"江苏省住宅产业现代化发展规划研究"的学术性调查，以不记名方式进行，问卷答案没有对错之分，根据自己的实际情况填写即可。本调查的目的在于了解住宅产业现代化发展水平评价体系中各个指标的重要程度，以找出能准确反映住宅产业现代化发展水平的关键指标。诚恳期待您能拨冗填写，对于您的配合和支持，我们不胜感激。

我们向您保证有关调查资料只用于学术研究，并且绝对不会透露任何个人信息。

敬祝

身体健康、工作顺利！

东南大学建设与房地产研究所

说明：

住宅产业现代化定义：以现代化的社会化大生产的方式进行住宅生产和相关服务的高级产业形态。以住宅生产工业化为基础，以科技创新为手段，以住宅市场需求为导向，以住宅及住宅相关服务为产品，以提高住宅生产的资源节约度和环境友好度、提高住宅产品的价值、提高住宅产业的效率为目的，将住宅产业中的投资、生产、流通和服务的各个环节及各个生产要素组织起来，形成结构完整、组织协同、布局合理的住宅产业的产业链。

本问卷共列出 4 个方向 19 个可能反映江苏省住宅产业现代化发展水平的指标，请根据您的经验和判断，选择各个指标对住宅产业现代化发展水平的影响的重要性程度。该问卷使用5分制打分法。

其中5分制含义:对发展水平评价指标的重要性程度。

1—非常不重要;2—不重要;3—一般重要;4—较重要;5—非常重要。

在方框内打"√"即可,均为单选题。

Ⅰ.基本资料调查

1. 您的年龄

☐21～25岁 ☐26～30岁 ☐31～35岁

☐36～45岁 ☐46～55岁 ☐56岁以上

2. 您的受教育程度

☐大专以下 ☐大专 ☐大学本科 ☐研究生及以上

3. 您在住宅产业现代化发展中的角色

☐住户 ☐政府部门 ☐建设单位/运营单位

☐高校/研究机构 ☐设计单位

☐其他_____

4. 您从事有关住宅产业现代化研究的工作经验(住户可不填)

☐1年以下 ☐1～5年 ☐6～10年 ☐10年以上

Ⅱ.住宅产业现代化发展水平评价指标重要程度选择

发展水平评价指标	←非常不重要			非常重要→	
	1	2	3	4	5
A1. 区域人口密度	☐	☐	☐	☐	☐
A2. 区域人均住房面积	☐	☐	☐	☐	☐
A3. 区域建筑企业数量	☐	☐	☐	☐	☐
B1. 标准化户型应用情况	☐	☐	☐	☐	☐
B2. 标准化及模数化产品应用情况	☐	☐	☐	☐	☐
B3. 整体厨卫应用情况	☐	☐	☐	☐	☐
B4. 预制构配件应用情况	☐	☐	☐	☐	☐
B5. 新建住宅装配化情况	☐	☐	☐	☐	☐
B6. 平均建设成本	☐	☐	☐	☐	☐
B7. 劳动生产率	☐	☐	☐	☐	☐

附录4 住宅产业现代化发展水平评价指标调查问卷(第二轮)

续表

发展水平评价指标	←非常不重要			非常重要→	
	1	2	3	4	5
B8. 住宅建筑节能率	☐	☐	☐	☐	☐
B9. 新建成品住房比例	☐	☐	☐	☐	☐
C1. 国家住宅产业化基地数量	☐	☐	☐	☐	☐
C2. 建筑业产业产值占GDP比重	☐	☐	☐	☐	☐
C3. 房地产业增加值占GDP比重	☐	☐	☐	☐	☐
D1. 信息系统应用情况	☐	☐	☐	☐	☐
D2. 清洁能源及可再生材料应用情况	☐	☐	☐	☐	☐
D3. 康居示范工程、住宅性能认定、绿色建筑数量	☐	☐	☐	☐	☐
D4. "四新技术"应用情况*	☐	☐	☐	☐	☐

*"四新技术"应用情况:新技术、新工艺、新材料、新设备的应用情况。

Ⅲ. 宝贵意见

■ 您认为以上指标反映住宅产业现代化发展水平的程度为:

☐比较差 ☐基本可以 ☐比较好 ☐很好

■ 若您认为有需要补充的评价指标,请在下面填写:

_____

_____

对于您耐心回答完的问卷信息我们将认真处理,如果您想获得一份此次问卷调查的结果,请填写您的姓名和E-mail地址,以便给您发送。再次感谢您的合作!

姓　　名:_____　　E-mail:_____

附录 5
住宅产业现代化发展水平评价指标相对重要性调查问卷

> 尊敬的专家,您好!
>
> 这是一份以不记名方式进行的学术性问卷调查,其目的在于了解经两轮问卷调查分析后构建的住宅产业现代化发展水平评价指标体系中各个指标之间的相对重要性。景仰您在工程建设领域的学识造诣、经验经历以及洞察判断能力,为此,特呈上调查问卷,请您拨冗填写。诚恳期待您的支持,以帮助我们顺利完成这次调查。由衷地感谢您无私给予的帮助和支持!

说明:本调查问卷(表2至表7)中指标之间的相对重要性采用1～9标度法,其意义如表1所示:

表1 1～9标度及其含义

标　度	意　义
1	表示两个因素同等重要
3	表示前者较后者而言稍微重要
5	表示前者较后者而言重要
7	表示前者较后者而言强烈重要
9	表示前者较后者而言极端重要
1/3	表示前者比后者稍不重要
1/5	表示前者比后者明显不重要
1/7	表示前者比后者强烈不重要
1/9	表示前者比后者极端不重要

注:本问卷调查表格中横向的指标代表"前者",纵向的代表"后者",标度2、4、6、8、1/2、1/4、1/6、1/8表示重要度介于1、3、5、7、9、1/3、1/5、1/7、1/9之间。请您根据指标间的相对重要程度做出判断。

附录 5
住宅产业现代化发展水平评价指标相对重要性调查问卷

表 2　住宅产业现代化发展水平 DPSIR 指标体系一级指标相对重要度比较

住宅产业现代化发展水平	D.驱动力指标	P.压力指标	S.状态指标	I.影响指标	R.响应指标
D. 驱动力指标	—				
P. 压力指标		—			
S. 状态指标			—		
I. 影响指标				—	
R. 响应指标					—

表 3　驱动力二级指标相对重要度比较

D. 驱动力指标	区域人口密度	区域建筑企业数量
区域人口密度		
区域建筑企业数		

表 4　压力二级指标相对重要度比较

P. 压力指标	区域人均住房面积	建材价格指数	劳动生产率	住宅建筑节能率
区域人均住房面积				
建材价格指数				
劳动生产率				
住宅建筑节能率				

表 5　状态二级指标相对重要度比较

S. 状态指标	标准化户型应用情况	标准化及模数化产品应用情况	整体厨卫应用情况	预制构配件应用情况	新建住宅装配化情况	新建成品住房比例	"四新技术"应用情况	信息系统应用情况	清洁能源及可再生材料应用情况
标准化户型应用情况									
标准化及模数化产品应用情况									
整体厨卫应用情况									
预制构配件应用情况									

续表

S. 状态指标	标准化户型应用情况	标准化及模数化产品应用情况	整体厨卫应用情况	预制构配件应用情况	新建住宅装配化情况	新建成品住房比例	"四新技术"应用情况	信息系统应用情况	清洁能源及可再生材料应用情况
新建住宅装配化情况									
新建成品住房比例									
"四新技术"应用情况*									
信息系统应用情况									
清洁能源及可再生材料应用情况									

*"四新技术"应用情况：新技术、新工艺、新材料、新设备的应用情况。

表6　影响二级指标相对重要度比较

I. 影响指标	建筑业产业产值占 GDP 比重	房地产业增加值占 GDP 比重
建筑业产业产值占 GDP 比重		
房地产业增加值占 GDP 比重		

表7　响应二级指标相对重要度比较

R. 响应指标	国家住宅产业化基地数量	康居示范工程、住宅性能认定、绿色建筑数量
国家住宅产业化基地数量		
康居示范工程、住宅性能认定、绿色建筑数量		

参考文献

[1] Barlow J, Childerhouse P, Gann D, et al. Choice and delivery in house building: lessons from Japan for UK house builders[J]. Building Research & Information, 2003, 31(2): 134-145

[2] Davidson C H. The challenge of organizational design for manufactured construction [J]. Construction Innovation: Information, Process, Management, 2009, 9(1): 42-57

[3] Salet W G M. Policy Review: Regime shifts in Dutch housing policy[J]. Housing Studies, 1999, 14(4):547-557

[4] Barriga E M, Jeong J G, Hastak M, et al. Material control system for the manufactured housing industry[J]. Journal of Management in Engineering, 2005, 21(2):91-98

[5] Shin Y, An S H, Cho H H, et al. Application of information technology for mass customization in the housing construction industry in Korea[J]. Automation in Construction, 2008, 17(7):831-838

[6] Lovell H, Smith S J. Agencement in housing markets: The case of the UK construction industry[J]. Geoforum, 2010, 41(3):457-468

[7] Nordin F, Öberg C, Kollberg B, et al. Building a new supply chain position: An exploratory study of companies in the timber housing industry [J]. Construction Management and Economics, 2010, 28(10): 1071-1083

[8] Nasereddin M, Mullens M A, Cope D. Automated simulator development: A strategy for modeling modular housing production [J]. Automation in Construction, 2007, 16(2):212-223

[9] Jeong J G, Hastak M, Syal M. Supply chain simulation modeling for the manufactured housing industry [J]. Journal of Urban Planning and Development, 2006,

132(4):217-225

[10] Persson S, Malmgren L, Johnsson H. Information management in industrial housing design and manufacture[J]. International Journal of IT in Architecture, Engineering and Construction, 2009, 14:110-122

[11] Benros D, Duarte J P. An integrated system for providing mass customized housing[J]. Automation in Construction, 2009, 18(3):310-320

[12] Nahmens I, Bindroo V. Is customization fruitful in industrialized homebuilding industry?[J]. Journal of Construction Engineering and Management, 2011, 137(12):1027-1035

[13] 江红,梁小平,崔晋豫.浅谈中国住宅产业化水平的评价方法[J].青岛建筑工程学院学报,2000(4):32-38

[14] 李安惟,武军.住宅产业化离我们还有多远[J].长江建设,2004(3):62-63

[15] 王玲,刘美霞.住宅产业化进程中的政府行为研究[J].建筑经济,2008(1):73-76

[16] 田灵江.低碳经济与住宅产业化[J].住宅科技,2011(3):1-6

[17] 李忠富,关柯.中国住宅产业化发展的步骤、途径与策略[J].哈尔滨建筑大学学报,2000(2):92-96

[18] 梁小青.日本住宅产业发展的主要政策及措施[J].住宅产业,2004(11):57-59

[19] 沈定亮.保障性住房中推广预制装配式住宅的可行性[J].上海建材,2010(4):8-10

[20] 沈岐平,王要武.中国城市住宅产业化状况评价模型的研究[J].管理世界,1996(5):105-109

[21] 朱志勇,王幼松,肖海波,等.基于层次分析理论的消费者商品住宅性能评价方法[J].建筑监督检测与造价,2009(4):7-10

[22] 马光红,徐勇谋,张志刚.商品住宅小区综合性能评价指标及评价方法研究[J].工业技术经济,2006(10):103-105

[23] 魏末梅.企业技术创新能力评价体系与ANP法的研究[M].重庆:重庆大学出版社,2006

[24] 王岚,赵国杰.基于ANP的地区文化产业竞争力评价模型与指标体系[J].科学学与科学技术管理,2008(7):129-132

[25] Ullman J D. The database approach to knowledge represention[C]. Portland: Thirteenth National Conference on Artificial Intelligence & Eighth Innovative Applications of Artificial Intelligence Conference, 1996

[26] 冯秀琴.基于结构方程模型的顾客满意度测评与优化研究[D].武汉:武汉理工大学,2009

[27] 武文杰,刘志林,张文忠.基于结构方程模型的北京居住用地价格影响因素评价[J].地理学报,2010,65(6):676-684

[28] 殷筱琴.模糊综合评价法在企业绩效评价中的应用研究[D].南京:河海大学,2005

[29] Pan H, Wang R, Kong L. Evaluation and analysis of network operation of urban rail transport based on ANP[C]//CICTP 2012: Multimodal Transportation Systems: Convenient, Safe, Cost-Effective, Efficient. ASCE, 2012: 1700-1707

[30] Hou Y, Sun X, Chen S. An evaluation system of logistics enterprise based on DEA-AHP method[C]//International Conference on Transportation Engineering 2009. ASCE, 2009: 3082-3087

[31] 霍利斯·钱纳里.工业化和经济增长的比较研究[M].上海:上海人民出版社,1995

[32] 约翰·伊特韦尔,默里·米尔盖特,彼得·纽曼.新帕尔格雷夫经济学大词典[M].北京:经济科学出版社,1996

[33] 国家经贸委课题组.加快工业结构调整促进新型工业化建设[M].北京:经济科学出版社,2003

[34] 张培刚.发展经济学教程[M].北京:经济科学出版社,2007

[35] 厉以宁.工业化和制度调整:西欧经济史研究[M].北京:商务印书馆,2010

[36] 冯飞,王晓明,王金照.对我国工业化发展阶段的判断[J].中国发展观察,2012(8):24-26

[37] 刘美霞.住宅工业化 & 住宅产业化[J].城市开发,2010(12):31-33

[38] 刘东卫,蒋洪彪,于磊.中国住宅工业化发展及其技术演进[J].建筑学报,2012(4):10-18

[39] 关柯,芦金锋,曾赛星.现代住宅经济[J].北京:中国建筑工业出版社,2002

[40] 顾云昌.中国住宅产业发展之路[J].中国房地产,2000(10):8-11

[41] 郑思齐,刘洪玉.房地产业界定和核算中的若干问题[J].统计研究,2003(1):43-46

[42] 丁云龙,远德玉.论产业化及其空间限度[J].自然辩证法研究,2001,17(8):22-26

[43] 冯永德.四川蚕业产业化的评价与思考[J].四川蚕业,2003,31(1):6-8

[44] 钟杏云.产业化发展阶段论[J].技术经济与管理研究,2003(2):67-68

[45] 夏清明.我国科技产业化经营策略及思考[J].兰州学刊,2004(2):89-90

[46] 芮明杰.产业经济学[M].上海:上海财经大学出版社,2005:54-55

[47] 王金武.产业化阶段及特征[EB/OL].(2007-10-14)[2019-9-4].http://www.chinavalue.net/Finance/Article/2007-10-14/83793.html

[48] 李忠富,关柯.住宅产业化及其发展的必要性研究[J].哈尔滨建筑大学学报,1999,32(4):98-102

[49] 王峰,黄震亚,李忠富.住宅产业化发展阶段与定位分析[J].建筑管理现代化,2000,59(2):23-24

[50] 罗荣渠.现代化新论:世界与中国的现代化进程[M].北京:北京大学出版社,1995

[51] 塞缪尔·亨廷顿.导致变化的变化:现代化,发展和政治.比较现代化[M].上海:上海译文出版社,1996

[52] 马崇明.中国现代化进程[M].北京:经济科学出版社,2003

[53] 唐志,郑四渭,张新华,等.浙江林业现代化发展阶段理论初探[J].浙江林业科技,2003,23(5):23-26

[54] 陈钦,潘辉,杜林盛.试论林业现代化发展阶段的划分[J].中国林业经济,2006(11):65-68

[55] 肖吉军.住宅产业现代化技术发展分析研究[D].西安:西安建筑科技大学,2004

[56] 刘敬疆.住宅产业现代化的思考[J].住宅科技,2005,12(3):3-7

[57] 肖建章.深圳市住宅产业现代化发展战略研究[D].长沙:中南大学,2008

[58] 王国平.产业形态特征、演变与产业升级[J].中共浙江省委党校学报,2009,29(6):105-112

[59] 张小平.基于集聚效应的江苏省产业布局研究[D].南京:南京航空航天大学,2008

[60] 江苏省经济形势分析与预测课题组.当今江苏经济形式的分析与展望[J].现代经济探讨,2007(2):16-21

[61] 谢作渺,赵西亮.产业聚集与区域经济发展[J].经济师,2004(7):13-14

[62] 田井泉,吕春成.产业聚集理论与产业国际竞争力[J].理论探索,2005(3):82-85

[63] 高伟凯,徐力行,魏伟.中国产业链集聚与产业竞争力[J].江苏社会科学,2010(2):80-88

[64] 罗红旭.基于产业链理论的我国住宅产业化项目管理模式研究[D].成都:西南交通大学,2013

[65] 李玲燕,韩红丽,刘晓君,等.住宅产业价值链的合理价值分布研究[J].统计与信息论坛,2011,26(3)

[66] 姚丽.江苏省房地产业的投入产出分析[D].南京:南京财经大学,2012

[67] 裴丽娜,王连威,陈翔.建筑识图与房屋构造[M].北京:北京理工大学出版社,2009

[68] 张哲.广东住宅设计标准化研究[D].广州:华南理工大学,2012

[69] 张闻骥.城市民用住房户型设计标准化的探索[J].吉林农业月刊,2009(10):31

[70] 李湘洲.国外住宅建筑工业化的发展与现状(一):日本的住宅工业化[J].中国住宅设施,2005(1):56-58

[71] 颜歆,王鹏.我国住宅成品化发展模式研究[J].经营管理者,2010(23):16-19

[72] 陶长琪,陈文华,林龙辉.我国产业组织演变协同度的实证分析:以企业融合背景下的我国IT产业为例[J].管理世界,2007(12):67-72

[73] 盖文启,蒋振威.基于不同模式产业链的价值增值理论探析[J].经济管理,2009(12):39-47

[74] 周达.房地产业与中国国民经济总量关系研究[J].河北地质大学学报,2008,31(3):39-43

[75] 王有为,秦佑国.绿色建筑评价标准[J].上海住宅,2006(9):104-111

[76] 高健,司春黎.住宅产业现代化发展对策的探究[J].商品混凝土,2013(7):211,205

[77] Salant P, Dillman D A. How to conduct your own survey[J]. Journal of Marketing Research, 1994, 33(1):206

[78] Pacheco A, Carrsco A P, Vila-Concejo A, et al. A coastal management program for channels located in backbarrier systems[J]. Ocean & Coastal Management, 2007, 50(1):119-143

[79] Mangi S C, et al. Reef fisheries management in Kenya: Preliminary approach using the drive force-pressure-state-impacts-response(DPSIR) scheme of indicators[J]. Ocean & Coastal Management, 2007, 50(5-6):463-480

[80] 朱霞,路正南.基于DPSIR模型的低碳城市发展评价研究:以江苏省为例[J].技术经济与管理研究,2013(1):115-118

[81] 王金涛.基于DPSIR模型的土地利用规划环境影响评价研究:以安徽省池州市贵池区为例[D].武汉:华中师范大学,2011

[82] 高波.基于DPSIR模型的陕西水资源可持续利用评价研究[D].西安:西北工业大学,2007

[83] 王瑞.当前我国电动汽车产业化发展途径研究[D].成都:西南财经大学,2011

[84] 林洪,颜慧超,盛建新,等.突破性发展湖北省电动汽车产业的政策研究[J].科技进步与对策,2011,28(9):112-115

[85] 杨忠敏,王兆华,宿丽霞.基于模块化的节能新能源汽车技术集成路径研究[J].科技进步与对策,2011,28(18):60-64

[86] 门峰,王今.中国汽车产业结构调整研究[J].汽车工业研究,2011(5):2-6